小小少年，没有烦恼

儿童社会与情绪学习家庭指导手册

杨娜 刘佳 ◎ 著

中国纺织出版社有限公司

内 容 提 要

社会与情绪学习是近年来教育界课程学习的新趋势。它以情绪为切入点，以多元的思维方式为核心，为孩子、家长和老师们提供了众多问题的解决方案。本书结合发生在中国家庭和学校中，小学生面临的30个具体问题，用理论分析和角色扮演等方式，帮家长总结和提炼出30个具体落地的方法。不仅有助于促进亲子关系的和谐，解决实际问题，更能够通过这些方法，帮助孩子获得适应学校生活的情绪和思维能力，给孩子的成长打好“心理预防针”，最终促进孩子的学业发展。

图书在版编目（CIP）数据

小小少年，没有烦恼：儿童社会与情绪学习家庭指导手册 / 杨娜，刘佳著. -- 北京：中国纺织出版社有限公司，2020.9（2020.10重印）

ISBN 978-7-5180-7629-1

Ⅰ. ①小… Ⅱ. ①杨…②刘… Ⅲ. ①小学生－心理健康－健康教育－研究 Ⅳ. ①G444

中国版本图书馆CIP数据核字（2020）第123130号

策划编辑：顾文卓　　责任校对：江思飞　　责任印制：储志伟

中国纺织出版社有限公司出版发行
地址：北京市朝阳区百子湾东里A407号楼　邮政编码：100124
销售电话：010—67004422　传真：010—87155801
http://www.c-textilep.com
中国纺织出版社天猫旗舰店
官方微博http://weibo.com/2119887771
三河市宏盛印务有限公司印刷　各地新华书店经销
2020年9月第1版　2020年10月第2次印刷
开本：710×1000　1/16　印张：13
字数：143千字　定价：45.80元

推荐序 1

立足文化，努力现在，
走向未来的社会与情绪技能学习

喜马拉雅音频正播着杨娜与刘佳主讲的《小学生的烦恼》：

刘佳： SEL社会与情绪学习，孩子心理健康的预防针。你好，我是Judy。

杨娜： 你好，我是娜娜。

刘佳： 今天想说个让人难以理解的事。曾经有一位家长咨询，说他的孩子自从上了小学就特别爱生气。自己的作业写不好会生气，妈妈随意开个玩笑会生气，甚至自己做手工、画画，一个不如意都会生气。弄得家长不知道发生了什么，赶紧安慰。不安慰倒好，越安慰越气得厉害。又摔书又摔本，然后干脆什么也不干了。

小定妈妈在下班回家的路上，戴着耳机边走边听着音频，同时想着周日晚上 8：00 要与小定一起上 SEL 课，心中期待着。

小定与全家人住在新疆克拉玛依。时间到了，小定与妈妈一起在计算机前面，开心上着童心沃的社会与情绪学习课程，爸爸在厨房叮叮咚咚洗碗，但也竖起耳朵注意听上课的内容与问答。今天讲的是情绪力，屏幕上有 8 位孩子与 1 位老师。他们正说着：

老师：请大家想一想更多的办法，帮助视频里的小星或者你自己合上大脑的盖子，让情绪好起来。

小定：我会把自己关在房间里，让自己一个人待着。

老师：我们今天学习了调节情绪需要做到三不伤害：不伤害自己、他人和物品。大家觉得这个方法怎么样？

小晴：我觉得如果把自己关得时间太长了就伤害自己了，妈妈也肯定得着急。

小安：如果是气势汹汹地进门，还把门关得很响，就不好了。

老师：那我很好奇，到底怎样做，可以既让自己安静地待一会儿，还能不让妈妈着急呢？

小华：我会跟妈妈说一声，告诉她我需要自己安静一会儿。

老师：那你会让自己一个人在房间待多久呢？

小华：大概半个小时吧。通常我半个小时心情就好了。

小晴：我一般需要十几分钟，玩一会儿就好了。

小安：我不想跟妈妈说话，就在门上贴个纸条，告诉妈妈不要打扰我。

老师：谢谢大家，刚才大家想到了这么多。你们发现，其实很多方法都可以用来调节情绪，只是我们需要考虑具体怎么做，做多少时间。这样才能做到不伤害自己、他人和物品。

听喜马拉雅《小学生的烦恼》的音频，与社会与情绪学习的专业老师直播互动学习，这是刘佳与杨娜几年来带领童心沃团队送给千万家庭与孩子们的最大的礼物。他们和孩子们没有面对面接触与交谈，而是一直在心灵上保持接触与学习。

而今，这份礼物，在2020这一年，化为一字一句，一篇篇成册。从

“小学生的那些烦恼事”开始，以美丽的、带着悠久文化与故事的中国方块字，呈现在您眼前，引导您如何思考，如何教养。您手中捧着这本书，也是捧着童心沃团队六年来努力的成果。您打开来阅读，更是打开了杨娜与刘佳 23 年来教书育人的功力与智慧。

我很荣幸，见证了这本书的诞生，并诚挚推荐给您。

我与刘佳在 2017 夏天于美国的明尼苏达州相识。

我去明尼苏达州首府 Minneapolis 参加第 27 届国际个体心理学研讨会（International Association of Individual Psychology）并发表论文，报告我如何采用社会贡献的方式，赋能师培生（期待成为老师的大学生）。个体心理学也就是阿德勒心理学，第一届研讨会始于 1922 年，至今已有百年。本次会议结束后，我去参加正向教养研讨会（Positive Discipline Conference），遇见刘佳。我才刚报告如何通过社会贡献的方式，激发准老师的潜能与意志，却相识了离开学校职场的优秀教师刘佳。我心里头纳闷，优秀老师的贡献与热情，可以燃烧多久？

同年秋天，我在中国台湾地区收到刘佳的 Email，告诉我，她与伙伴杨娜正在着力开发社会与情绪技能课程，把学校没教的社会情绪技能带给孩子与家庭。她们邀请我协助整理理论架构以及效果评估。刘佳与杨娜，两位优秀教师离开学校，踏入前途未知与竞争激烈的企业领域，她俩的决心感动了我。

她们渴望把全身的功力，从教书到育人，从语文与数学转换到社会与情绪。她们相信每个孩子都带着优质的潜能，不忍见到孩子最后跌倒在自我情绪的混乱与社会人际的蒙昧中。我相信，社会与情绪学习，杨娜与刘佳自己体会最深，进入企业界，她们也有害怕与担心，兢兢业业用理想与勇气把害怕包裹起来，上路。离开了稳定收入与游刃有余的校园，但她们没有离开教育，她们更走入孩子的内心，走进家庭。

刘佳与杨娜不是仅仅凭着勇气，傻愣愣地带着全身武功、理想与决心就去闯江湖了。她们让我佩服的还有前瞻的眼光与创意。

前瞻的是，她们要成为人师，那么，要教人什么呢？

随着社会国际化的快速推进，凡是重视教育的家庭或社会，都对新一代的孩子寄予更高的期待。他们希望孩子不仅学业进步，掌握未来社会需要的新技术、新能力，同时还渴望孩子能够以积极的态度面对社会的压力，幸福健康的成长。但往往事与愿违。我们可以看到，越来越多的负面新闻进入我们的视野。越是期待，孩子仿佛越是不知所措。杨娜与刘佳在小学工作近二十年，一年一年看到孩子面临着更多的环境和人际关系的挑战，既要有能力适应复杂的校园环境，又要找到与老师、同学和学业的健康相处方式。孩子在实践中战斗，一次一次地尝试，一次一次地碰壁，甚至有的孩子遍体鳞伤，家长心疼，老师背负课业压力与烦琐教学事务，有时心有余却力不足，刘佳与杨娜体会最深。

这就是具有前瞻眼光的杨娜与刘佳要带给孩子与家庭的礼物。社会与情绪学习（Social Emotional Learning，简称 SEL），这是目前的国际趋势，然实质内容已存在千年，与孔子说的“己立立人，己达达人”，老子的“上善若水”，是一样的关心与目标。

我人在学术界，深知好的概念与策略需要研究证据之基础。社会与情绪学习结合研究证据，乃是由美国 CASEL（The Collaborative for Academic, Social,and Emotional Learning）组织于 1994 年最先提出，创始人之一就是大家所熟知的丹尼尔·戈尔曼，畅销书《情商》的作者。CASEL 以情绪为切入点，以多元的思维方式为核心，为孩子、家长和老师们提供了众多心理与人际问题的解决方案。

我与刘佳杨娜一起工作，参考 CASEL 的概念层次，转化为华人文化观点的社会与情绪学习架构，以国际趋势为观点、以我们本地的生活与文化为脉络，研发建构出 FICS-136-SEL 社会与情绪技能课程。

杨娜与刘佳结合发生在中国家庭和学校生活中的小学生面临的 30 个具体问题，用理论分析和角色扮演等方式，帮孩子、家长和老师总结提炼出具体落地的好方法。这 30 个问题并不是从 1 到 30 的 30 个问题而已，30 个问题代表着生活中还有数不尽的大小问题，学习面对与解决这 30 个问题，也就走向了 6 个社会与情绪核心能力的培养，更是导向 3 个有效目标的达成，最后进入 1 个总目标境地——成为有用、有价值的人，能够恰当决定、自主负责与合作贡献，也就是 FICS-136-SEL 社会与情绪技能课程之整体结构。从具体问题的落实开始，才不至于失了准头。我们最大的关怀，不仅在于解决问题，而是培养能力、锻炼品格。

亲爱的您，我相信您的智慧选择，有这本书在手上，不仅有助于促进和谐的亲子关系，解决实际生活与学习的问题，更能够通过温馨理性的方法策略，促进孩子在心理上与人际上的健康发展。在孩子小的时候，碰到问题时，家庭与孩子一起共同学习如何面对，如同利用预防针给孩子小小的病毒，产生能力与抗体。成长阶段打上心理预防针，您将于孩子未来在学业上、生活里、工作时、朋友圈，甚至于亲密关系中，体会到您与孩子一起努力成长的收获。

台北教育大学心理与咨商系教授

吴毓莹

2020 年 4 月

推荐序 2

中国本土化社会与情绪学习理念
——当今家庭与孩子的需要

近二十年来，我一直从事心理咨询工作，经历了无数个心理求助者的来访，其中不乏有儿童、青少年。每每到开学季以及中高考时期，很多学生在面临各类升学选拔和中高考应试环境时，会出现不同程度的不适应反应，这些不适应反应又常常以心理疾病症状的方式发出求助信号。我在临床治疗中深切体会到，随着社会的发展和进步，未成年人的心理健康情况并不乐观。我在与已故恩师——著名心理学家李子勋老师交流这个问题时，他曾表达：心理学知识只用于心理治疗，并不足以体现其价值；只有把心理学知识服务于社会，在大众中普及，才能真正发挥其作用。对此，我深以为然。

的确，中国社会已经发展到了前所未有的阶段，科技高速进步，生活节奏极度加快，人的压力感倍增。高速发展的社会与独特的中国文化、中国式的家庭结构等共同作用，最终造成了我国儿童、青少年的情绪发展和成熟过程与国外的极大不同。由此，国际知名的心理学专家学者纷至沓来，研究中国人的心理发展历程，中国的个案给了他们很多启发和思考，推动了各个心理学派的发展和研究。

但是，由于中国社会、心理和文化等方面与国外的差异，心理学在中国发展的同时也产生了一些儿童及青少年教育与咨询方面的问题。由于大多数心理学、教育学理论来自国外，虽然得到了不胜枚举的临床实践印证，但针对中国当代儿童和青少年的心理发展，仍需要众多中国心理学家、教育专家进行本土化的开发和转型。这就需要大量的临床经验，更深入地理解中国国情与中国国情下的社会、家庭和个体之间的关系以及具有中国特色的文化背景对儿童、青少年心理发展的影响。

杨娜、刘佳是我的学生，她们学习心理学有很多年的时间，同时也是具有 20 年教龄的一线教师，具有丰富的教学和教育经验。当她们提出想要研发一套有别于国外的本土化的社会与情绪课程，服务于中国的学生和家庭时，我为她们的想法感到高兴，也很愿意与她们共同完成这项造福于中国社会、家庭以及学生们的工程。因为我知道，从社会与情绪的视角切入个体的成熟过程与促进性环境的养成，一方面能广泛应用于健康的孩子，让中国更多健康孩子顺利地走向成熟，同时可以对心理发展有困难的学生及早干预，让那些有可能走向咨询室的学生及时矫正，逐步趋于健康成熟。

为了让社会与情绪学习的理念和技能落地有效，我们以后现代的理念整合了众多心理学派系的理论，以社会心理学、发展心理学、神经生物学以及脑科学等知识体系为背景，借鉴精神分析学派、认知行为学派、人本主义学派等理论体系，关注个体当下的体验，为学生、家庭和学校中的各种问题提供有效解决方案，创新研发了适应中国文化背景下的社会与情绪学习的理论和方法。历时 6 年的时间，我见证了这套理论从无到有的过程，也为能够参加这项具有本土特色的教育工程感到骄傲。作为她们的导师，真心祝贺杨娜和刘佳所取得的阶段性成果，深信她们还会继续立足于推广课程的理念以及实操技能，做出更大的努力。

相信，这一适合中国本土的社会与情绪理念在中国的广泛推广，一定会为新一代的学生、家庭、学校以及社会带来福音。未来将属于这些更加成熟健康的年轻人！

儿童心理健康专家，应用心理学家

孔宇

2020年4月

自序

从教书匠到育人园丁，社会与情绪学习指导前行

我和刘佳曾经是在公办学校一线教学将近20年的老师，一路走来，在教学技巧上精进了很多，也取得了很多教学荣誉，但心里却总有困惑：为什么老师已经把课讲得非常有趣了，可学生还是不喜欢学习？真的是因为学生智力的差别导致了学习成绩的差距吗？作为老师，教书已经做好了，育人怎样更好的实现？除了思想品德课的教授方式，还有什么方法可以帮助孩子实现心理健康发展，成为对未来社会有贡献的人？

有一次，刘佳的一个毕业学生回学校看望老师，他讲述了自己的求学经历：刚到美国的时候，学校里组织各种项目小组，他成为“抢手”的学生。因为他来自中国，且数学能力特别强。他在同学们中间体会到了非常强烈的价值感。可是第二年再回来看老师，却一副垂头丧气的样子，提不起精神。仔细询问才知道，因为第一年的自信，第二年他自己也组了一个项目组，希望成为团队的领导者。可没想到，却没有同学愿意加入。原因是他缺乏知识以外的组织能力、沟通能力。做技术可以，但成为领导者却不被认可，这让他非常苦恼，但他也不知道这些能力怎样才能学习和提升。

这个学生的经历触动了我们，一直存在心里的那个念头开始萌动：能不能用我们20多年积累的心理学与教育学的理论和经验，尝试开发一套直

接帮助孩子和家长提升社会与情绪能力的课程？让孩子们在成长的道路上学到更多与自己相处、与人和社会相处的方法和能力。这样不至于等走上社会才像那个学生一样，处处碰壁，被动地在痛苦的现实中学习和承受。

我和刘佳两个人经常聊起这种感受。如果把未来社会比作每个人都要面对的战场，孩子们花了十几年时间，拼尽全力学习了很多知识作为“武器”，本以为这足够应对“人生战场”，但大学毕业真的走进“战场”，却突然发现自己仿佛是在“裸战”。那些“知识武器”仿佛从高考结束就完成了它们的使命，真正在“人生战场”上需要的十八般武艺，却因为只学习知识而被忽略掉了。人与人的沟通，对事情的判断力、决断力，自我觉察和学习能力，抗挫力，混龄社会的适应力……哪一项都是“人生战场”上必不可少的关键能力。这些能力我们统称为“社会与情绪能力”，简称SEL。没有做好准备的孩子们，要么杀出一条血路，要么选择逃避，回到校园纯净的环境。但这都不是我们想要的。作为教育工作者，我们有责任做一点什么，让孩子们在走向社会之前就做好“迎战”的准备。

动了这个念头，我们便开始了全职研发社会与情绪课程的工作。到现在是第六个年头，已有近千个家庭参与到社会与情绪课程的学习中。孩子和家长共同学习，共同成长。家长们都感受到孩子们由内而外的变化。这也给了我们莫大的鼓励，继续专心投入课程研发、实践和研究中，为更多中国的孩子和家长服务。

研发的过程是艰苦的，特别感谢多年来一直给予我们支持的心理学专家孔宇老师。记得无数个一起写课的夜晚，她和我们秉烛夜战，督导完成 120 节课程，想尽办法把专业的心理学理论用孩子们可以理解的方式呈现出来。实证研究是漫长的，感谢台北教育大学心理与咨商学系吴毓莹教授，作为理论和实证研究的督导专家，和我们展开一次又一次的视频会议，一起探讨和完善课程理论，指导我们在实践中收集测评数据，不断改善课程品质。还要感谢这个领域的一些前辈，他们在前期从专业理论上给了我们很多启发和思考。感谢和我们一起奋斗的童心沃小伙伴们，更要感谢一直以来支持童心沃的家长和孩子们。

两年前，我们在喜马拉雅推出了一套给家长的音频节目——《小学生的烦恼》，将家长的问题进行分析和解读，并给出具体可行的方法，得到了家长朋友的广泛好评。为了回馈更多的家长朋友，我们结合更多家长的问题，撰写了这本书。希望能够结合这几年有关社会与情绪方面的研究成果，用通俗易懂的方式，帮助家长提升自己的社会与情绪能力，并学习有效的方法与孩子互动。

当然，我们的认知尚不成熟，只是期望给家长的育儿路提供一点新的视角，最终还是需要您自己的思考和实践，在实践中反思，在反思中再次实践，这才是陪伴孩子成长的最真实状态。我们始终相信，您自己才是家庭的育儿专家！

也欢迎您就书中提出的观点和方法参与讨论。如果您希望学习更多的社会与情绪知识，请联系我们。

杨娜

2020 年 4 月

目 录
Contents

第一章　社会与情绪技能
——孩子心理健康的“预防针”

写这一章节时，正处在世界新冠肺炎疫情暴发期间，全球几百万的确诊病例还在不断攀升，成为世界性的公共卫生事件。每天关注相关新闻报道成了我的习惯。这种新型的病毒最可怕之处就是未知，几个月过去了，我们还不能了解它，当然也没有可以与它斗争的有效办法。疫苗成为让疫情结束的主要方法。只有在人体中增强对新冠病毒的免疫能力，人类才可能真正控制病毒的传播。一位知名的流行病专家介绍说：“人类历史上有很多次流行病大爆发的记录，真正让我们有能力抗争的，有两项科技创新：一是净化饮用水，二是疫苗。”这也说明，战胜疾病，不能只依靠医疗水平，而是要关注预防。

这让我想起一个故事，原文是：“魏文王问扁鹊：‘子昆弟三人其孰最善为医？’扁鹊曰：‘长兄最善，中兄次之，扁鹊最为下。’魏文王曰：‘可得闻邪？’扁鹊曰：‘长兄于病视神，未有形而除之，故名不出于家。中兄治病，其在毫毛，故名不出于闾。若扁鹊者，镵血脉，投毒药，副肌肤，闲而名出闻于诸侯。’”

什么意思呢？大致是说：“魏文王问扁鹊，你们三兄弟的医术谁最高明？扁鹊说，我大哥的医术其实是最高的。他总是在别人还没发病的时候就把病治好，所以他的名气只限于我们家里。我二哥的医术次之，他能在症状初发的时候遏制住病情，所以他只在我们村里有些名气。我的医术其实最差，我都是看人病情很严重了才开始治，用的都是猛药……结果我名气反而特别大，诸侯都知道我。”这个故事说明了一个道理，医生看病，能够防患于未然的才是医术最高明的。《黄帝内经》中有个名句叫作“上工治未病”，就是说医生能在病症未发生前就做好预防，才能减少病痛，提高健康水平。这是一种“上游”思想，是防患于未然，是站在未来考虑问题的思维方式。

到今天，家家户户已经把预防身体疾病当作首要任务，国家要求每个新生儿必须注射指定疫苗，避免流行疾病的发生。这是社会进步的表现，我们每个家庭都为生活在这样的相对健康的社会环境中感到幸福。但是，身体疾病的预防得到了广泛的重视，而心理疾病并未引起关注。美国儿童与青少年精神病学会期刊 2010 年公布的研究显示，美国约半数 13 ～ 19 岁的青少年存在情绪、行为或吸毒酗酒等问题。据估计，美国 20% 的学龄儿童存在着心理问题，其中包括 0.4% ～ 8.3% 的抑郁患者。这些有心理问题的儿童中，80% 得不到有效干预。大约 25% 的美国学生会对学校反感，15% ～ 22% 的学生会有严重的社会与情绪问题和心理健康问题。超过 70% 的美国学生在应该得到心理健康干预的情况下并没有得到恰当的帮助。很多儿童有严重的社会、情绪和心理健康障碍，影响他们在学校和生活中取得成功。在中国，我没有查到类似的权威数字公布，但在每个人的周围，也越来越多见心理不健康的儿童出现。有的孩子饱受抑郁症、躁狂症、焦虑症和多动症的困扰，四处求医治病；有的孩子沉迷网络游戏、虚拟空间，无法与真实世界相处；有的孩子则选择了离家出走、辍学、自杀或反社会等极端行为；还有相当一部分学生长期处于悲伤、易怒、没精打采和孤独中，很难专注于课堂学习。家长面对孩子们的这些问题苦不堪言，却找不到更好的解决方法，更不用说防患于未然了。目前，在很多知名心理咨询室和精神卫生中心，儿童患者占有相当大的比例，这不得不让我们感到预防的紧迫性。如果还不能将以预防为主的心理健康教育提上日程，这种现象将越来越严重，无数家庭都将面临极大痛苦。

怎样给孩子的心理健康做好预防呢？很多家长认为，只要努力带孩子远离伤害的环境，就可以让孩子免受伤害。比如：妈妈常常控制不好情绪，经常打骂孩子，为此，妈妈会感到自责，然后努力学习各种育儿课程，希望能改变自己的坏脾气，不再给孩子带来伤害；孩子上学，遇到一位非常严格的老师，在处理一些问题时让孩子感到不公和受伤。于是，家长就认为老师是个不称职的老师，努力给孩子转学，希望通过离开老师保护孩子；有的家长为了避免青春期孩子和“不良少年”学坏，每天紧紧盯着孩子的行动，一步不离；甚至还有的家长认为国内的教育不好，担心应试教育给孩子带来伤害，就出高价早早把孩子送到国外上学，希望得到国外的“高级”教育。我认为这些家长都有一个共同点，就是想通过净化孩子的外部环境达到保护他们心理健康的目的。但是大家想想看，我们真的可以帮孩子清理掉全部的“坏环境”吗？是不是妈妈学习了新的教育方法，就永远不会跟孩子发脾气了？是不是逃离了今天的老师和学校，就一定称心如意了？是不是用眼睛寸步不离地盯着孩子，孩子就真的不会交上“坏朋友”？家长真的可以每时每刻的监管到孩子吗？很显然，未来不可知，这些美好的期待只是幻想而已。孩子身处在复杂多变的环境中，怎么可能不置身于“病毒”之中呢？身体健康的预防针，它的预防原理在于提升人类自身内在抵御病毒的能力，心理健康的“预防针”也是如此。家长关注的不应该是怎么帮孩子披荆斩棘、清理外部环境，而要学习更多的教育方法，在孩子遇到挫折时，引导他们学习社会与情绪技能，以便再遇到问题时，可以有力量和办法去面对。这就如同不会游泳的孩子，家长既不能害怕溺水就让孩子远离水池，也不能等他掉进水里大声呼救，才急急忙忙递上救生圈，只有提前给他穿好救生衣才是最安全的措施。

这么说还有点抽象，我来举一个例子，更容易让家长理解“心理预防针”。先假定一个场景，5 岁的小强正在搭积木，突然不知什么原因，积木倒掉了。小强瞬间非常生气，哇哇大哭起来，一边哭还一边用脚狠狠踢倒在地上的积木。这是一个很常见的家庭场景。遇到这个问题，家长会如何处理？我们来预设三位妈妈，分别为 A 妈妈、B 妈妈和 C 妈妈。通过三个妈妈不同的处理方式进行分析理解。

A 妈妈：有什么好哭的，自己弄倒了积木，还这么不讲理。不许再哭了，小心我揍你!

B 妈妈：宝贝，这是你好容易才搭好的城堡，哗啦倒掉了，你是不是特别特别生气啊？来，妈妈抱抱，想哭就哭一会儿，以后搭积木要小心。

C 妈妈：宝贝，这是你好不容易才搭好的城堡，哗啦倒掉了，你是不是特别特别生气啊？你给妈妈比画比画，你的生气有多大？咱们想想看，除了用脚踢积木，还有什么方法可以让你的生气变小一些呢？你觉得哪些方法可以不让积木受伤，也不会把脚踢疼呢？

听到这三位妈妈的回应，孩子会更喜欢哪位妈妈呢？的确，B 妈妈和 C 妈妈会让孩子的感受好很多，她们做出了孩子心中期望的好的回应。但是大家仔细观察，B 妈妈和 C 妈妈也有不同之处。B 妈妈对孩子的情绪表达了理解，与孩子共情并且允许他在妈妈怀里哭一会儿。这样做给孩子提供了温暖的港湾。孩子在妈妈爱的怀抱中会很快恢复情绪（关于情绪产生的原因，为什么这样做对恢复情绪有效，在后面的章节中会做具体讲解）。小强在B妈妈爱的滋养下，感受到来自环境的安全感。C妈妈的不同之处在于，她在共情孩子的基础上，又给孩子提出了三个启发性的问题：“你给妈妈比画比画，你的生气有多大？”“咱们想想看，除了用脚踢积木，还有什么方法可以让你的生气变小一些呢？”“你觉得哪些方法可以不让积木受伤，也不会把脚踢疼呢？”第一个问题，妈妈在引导孩子自我觉察和审视情绪，用评估大小的方式，教孩子看见自己的情绪；第二个问题，试图在理解孩子“踢积木”行为的基础上，丰富他处理生气情绪的方法，让孩子看到更多可能的办法；第三个问题，则是引导孩子关注方法的有效性和不伤害性，鼓励孩子自己发现更好的处理生气情绪的方法。在妈妈的启发下，孩子不仅平复了情绪，还启动大脑对情绪进行思考。下次再遇到这样的事情，孩子不仅可以自我觉察情绪，还可以主动启动思考，找到表达情绪恰当的方法。

这样分析下来，B妈妈做到了关注小强的情绪，就仿佛在孩子生气的时候给了孩子一个救生圈，让孩子安全上岸。而C妈妈是利用了这一次情绪事件，不仅给了孩子救生圈，还在孩子上岸后，给他穿上了可以自己启动的救生衣，为下次再出现这样的问题做好预防工作。试想，等孩子在幼儿园、学校也遇到这种事情，很用心做的作业被老师批评了，或者画了好久的画被同学弄脏了……哪一种妈妈培养的孩子会有办法自己解决问题呢？当然是C妈妈，她不仅处理了当下的状况，还赋予了孩子一种能力，叫作“社会与情绪能力”。长期被这样引导，孩子会拥有自我抵御恶劣环境的能力。不仅可以安抚自己的情绪，还能具有自我反思、自主解决问题的能力。

其实，社会环境不可能永远风调雨顺，每个孩子从小到大都会面临各种各样的挑战和挫折。但不同的人面对这些逃不过的挫折却会产生不同的结果。有的人消极逃避，甚至崩溃；有的人越挫越勇，积极面对；也有的人还能利用挫折，总结经验，创造新的价值。这绝对不仅仅是智商和学习成绩的差别，而是内在情绪能力和思维方式的区别，也是未来社会竞争的软实力。社会与情绪能力的提升才是真正的“孩子心理健康的预防针”。拥有这项能力的孩子，会更具有自然免疫力，更容易克服困难，适应外部环境。接下来的各章节，我会通过30个具体的生活场景，教家长如何成为更加智慧的C妈妈。

有些家长可能会问，这些能力真的可以通过家长的引导来培养吗？有人不是说，情商是天生的吗？为了回答这个问题，我从“情商之父”丹尼尔·戈尔曼的《情商》一书中找到了答案。脑神经科学的发展，让人类更清晰地了解了情绪这种说不清的东西。同时大量的实证研究也证明了脑神经的可塑性。也就是说，社会与情绪学习可以有效塑造儿童的大脑神经回路，增强专门负责管理情绪的前额叶皮层的执行功能。如果对儿童用科学的方法进行教育，是可以实现后天重塑，达到心理预防效果的。经过二十多年的实证研究，美国学业与社会情绪学习联合会给出了一组数据：在美国，参与学习社会与情绪技能的孩子，50%的孩子学习更为专注，成绩得到提高；不良行为平均减少28%；63%的孩子明显表现出更积极的行为。我们的童心沃社会与情绪学习研究院依托课程的形式，对近千名小学生进行社会与情绪学习的教育，也看到了他们行为的变化，亲子关系趋于和谐。

打了“心理预防针”的孩子，到底会具有什么样的特质呢？我认为有以下三个方面。

1. 灵活性

经常有家长问：孩子被人欺负了要不要打回去？有的家长说不应该打人，打人不是好孩子；有的家长说如果不打回去，以后自己的孩子还是会受欺负。到底该不该打回去呢？我认为没有唯一的答案，要看当下孩子自己的状态、对方的状态以及周围的环境进行综合考量。假如欺负人的孩子已经一而再再而三地欺负自己，忍无可忍的情况下，要不要打？我认为该打，用回击的方式告诉对方“我不是好惹的！”但如果对方膀大腰圆，明显比自己有优势，要不要打？那当然不能打，第一时间要选择跑，此时保护自己不受更大伤害才是重要的。如果发生冲突的时候，有同学在场，要不要打？那就要想想看，如果我动手打了人，会不会造成“双方都动手”的事实，不利于后续伸张正义。其实，我只是简单列举了三种可能的情况，实际问题一定更加复杂。而且就算再发生一次，也一定会有一些变量，影响最后的行为方式。因此，遇到这样的情况，家长的责任绝不仅仅是告诉他打还是不打，更不能教他用唯一的方法应对不同事件。我们需要帮助孩子经历，分析当下情境，站在自己、对方和环境的三个维度综合做出选择，这样才能够形成灵活多变的思维方式，孩子才不会僵化。

灵活性是孩子适应未来社会最重要的能力。社会是复杂多变的，万事万物都交织在一起。尤其我们国家又是一个具有5000年历史文化的古国，人与人错综复杂地相处着。如果只有单一的思维，用僵化的方法，就很难将事情处理得合理、适度，甚至还会把事情搞砸。这样的人一定体验不到游刃有余、如鱼得水的社会融入感。很多社交恐惧症，宅男宅女都是不具有灵活应变的社会能力而不得已选择把自己藏起来。

2. 自主性

很多时候家长特别强调自己的能力。孩子伤心难过的时候，家长着急地安抚他，想让他尽快好起来；孩子每次遇到问题，家长第一时间就给他出主意想办法，好像永远不放心孩子可以自己找到解决方案；孩子的作业，家长比孩子还着急，每天上赶着追着他写作业……家长做出了这么多的努力，孩子却还经常不领情。家长大呼自己养了一只“白眼狼”。其实，孩子在成长过程中，最需要的不是处处帮助他的人，而是肯放手让他自己去做的人。换句话说，他们问家长要的是自主，要的是可控感。哪怕我很痛苦，但这是我的选择；哪怕真要面对失败，但这是我的经历。“我能决定”是孩子自信和独立的标志，他们在长大的过程中，不断在找寻的就是这个感觉。

“所有的爱都指向亲密，唯独父母对孩子的爱是指向分离”。越想给孩子爱的家长越要适当地赋予孩子自主的权利，家长也要学习适当的方式满足孩子自主的需求。即使您特别想看到孩子开心，即使您已经有比孩子更好的办法，即使您不忍心孩子作业没完成被老师批评，也要忍得住。因为，这是孩子自己的事，这是他成长过程中体验“我能决定”的良好时机。

一个 10 岁的孩子告诉妈妈自己要离家出走。妈妈害怕得不得了，随时随刻地盯着孩子，一步不离。这让孩子更加反感，真的在妈妈不经意的时候跑出了家门。妈妈非常自责，“为什么我没有看管好孩子呢？”但这位妈妈却不明白，其实孩子最初跟妈妈说离家出走，只是想用这样的方式展示自己的力量感，想要通过这样的表达，让妈妈承认“我可以做决定”。可谁想，妈妈不仅没有看到孩子的需要，还更加戒备森严，让孩子丧失了一切的自由和自主的机会。为了表达愤怒，孩子终于冲出“牢笼”，用过激的行动向妈妈证明自己长大了。

那么怎样赋予孩子自主性，让他们拥有面向未来的独立人格和勇气呢？当孩子跟妈妈说自己要离家出走的时候，妈妈可以说：“好啊，你做出的决定妈妈都是支持的。只是要提醒你，是不是要考虑一下吃什么、喝什么、在哪里睡觉、靠什么生活的问题？”通常这时，孩子已经得到自己想要的答案——妈妈承认了“我可以做决定”，自然不会盲目离家出走了。因为他们也非常清楚，自己的力量还很弱小，不可能独立生活在社会上。很多孩子就会说一句“我是跟你开玩笑的”，给自己个台阶转移话题了。

自主性是孩子未来寻找社会位置的最重要能力。我是谁？我想要什么？我有什么？我可以做什么？这些问题都需要有“我能决定”的核心自信来支持。有这个自信，才能找到这些问题的答案，找到符合自己的社会位置；没有这个自信，就只能依附于外界，迷茫地不断寻找。

3. 合作意识

说到合作，每个人都不陌生。很多人觉得，合作就是大家一起做事情。但我觉得并不是这么简单。合作意识更是一种内在状态，而不是表面形式。

小 K 和同学发生了矛盾，他非常生气，为了泄愤，他在同学的微信群里发信息辱骂。很显然，这种做法将同学推向了自己的对立面，使这件事发展成为必须争个你死我活的状态。当然，有可能确实是对方过错在先，但这样的行为对自己又有什么好处呢？除了当时发泄了情绪，一吐为快，后续还有可能产生很多风险。比如：激起对方的愤怒，把一个朋友变成了敌人；在群里展现了自己失态的一面，被很多同学看在眼里，也会引起他人对自己的反感。显然，这个选择得到的不是共赢的结果，反而伤敌一千自损八百。这样的事情平时也很多见，比如：老师批评了孩子，孩子跟老师赌气，不好好上课；妈妈每天为了作业，跟孩子大战三百回合；家长嫌老师的教育教学水平低，总在孩子面前指责老师……这些处理方式都将两者推向对立面，斗争的时间越长，双方的损失越大，想要达到的目标越无法达成。这种解决问题的方式都是因为没有合作意识造成的。合作的目的是共赢。能使看似矛盾的双方站在一起，共同面对问题，这才是真正的合作。

小 K 如果可以在和同学发生矛盾后找他谈一谈，这就是在传递一种态度：我希望和你一起面对问题，而不是成为敌人。哪怕当面直接表达愤怒，哪怕问题根本没有解决，但这都是基于合作的目的做出的选择，是成熟的行为方式。同样，被老师批评的孩子，自暴自弃也绝不是好主意，不仅让老师更加不喜欢他，而且还丧失了用学习证明自己的机会，更加伤害到自己。因为作业天天战斗的母子两个，非但没有站在一起与作业斗争，反而因为作业成了对立的敌人，制造了亲子问题，这又何苦呢？

仅仅几个生活场景，就足以见得合作意识在人际关系中是多么重要。冲突是一定存在的，但用什么策略来解决冲突，如何能在解决冲突中让双方都实现共赢，获得好处，这才是我们要培养孩子的真正能力。

如何教家长给孩子打上这一剂“预防针”呢？

接下来的几个章节，我就从情绪管理能力，多元化思维方式，培养自律自控、自主学习的习惯以及与他人相处、与环境合作几个板块，具体教家长学习，怎样在日常生活中培养孩子的灵活性、自主性和合作意识。

我会先从众多家长的问题中找到一个代表性问题，以这个问题展开论述，用心理学原理分析可能造成问题的原因，诠释我的观点。需要说明的是，这只是我个人的观点，家长朋友可以参考借鉴，用于理解孩子展示出来的问题。当然，家长最关心的就是怎么做的问题。我会用亲子对话的方式，教给家长怎么说、怎么做。家长可以根据这个场景的展示进行举一反三，迁移到生活的更多场景中去。不过，也要提醒大家注意，不是任何方法对任何问题都是有效的。每个方法都有它的使用范围，也有使用过程中需要注意的问题。我也会在每个内容中给予提示。这个学习过程遵循了从理论到策略再到方法的由深到浅的过程。如果比喻成一棵大树，可依据的理论是树根，给予充足的理论营养；我的观点算是一种策略，是树干，这是一种视角，一种思维方式，也许只是众多策略中的一种思路而已；最后，树枝是由策略生发出来的具体方法。在一定的策略中生发的方法不止一种，如果家长朋友可以理解，就可以找到更多解决问题的方法。我一直都相信，每位家长才是解决自己家庭问题的专家。我也期待，这本书可以帮助您找到符合你们亲子关系的最有效方法，让我们一起努力，给孩子打上这一剂社会与情绪能力的“预防针”。

第二章 社会与情绪技能
——发展孩子的情绪管理能力

情绪是人类特有的不可避免的内在体验。所有人都会产生情绪，只是当情绪来临时，每个人会呈现出不同的行为方式。有人沉着冷静，有人压抑逃避、有人行为失控。心理学家丹尼尔·戈尔曼撰写的《情商》一书中，吴维库教授在专家导读中将人体比作一驾马车，情绪比作拉车的马。马是车辆的原动力，没有它车辆无法前行；但同时也是阻力。如果马受惊失控，车辆不仅不会按照既定的方向行驶，严重的话还会翻车，车毁人亡。因此，马匹需要好的车夫照顾、训练和驾驭。情绪也是如此，管理情绪的能力就是车夫。如果无法觉察、照顾和疏导好情绪，它就会导致人做出失控行为，例如：生病、发疯、自杀或破坏性的极端行为。因此，管理情绪是保证人体马车平衡和顺利前进的重要能力（图 2–1）。

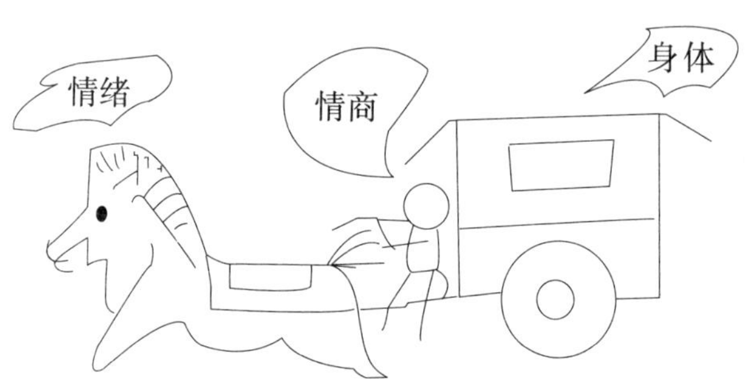

图2–1 人体马车

人类情绪在大脑中产生和运作过程，我想尝试用三脑模型（图2–2）来解释。脑神经科学家认为大脑分为三个部分：行为脑、情绪脑、理智脑。简单理解，情绪脑就是产生情绪的地方，也称边缘系统，是大脑中的情绪警报器。情绪脑中的杏仁核负责比对以往经历和感受，一旦判断有危险，就会发出情绪警报，促使全身分泌荷尔蒙，并通知行为脑做出应激反应。接到信号的行为脑操控身体的各个部位，在第一时间做出攻击、逃跑或木僵等应激反应。这些反应通常是无意识的，判断也不够准确。比如：一个曾经被老鼠吓到过的孩子，见到毛绒绒的灰色钥匙扣，突然转身逃走并大哭起来。这就是情绪脑与行为脑操控了恐惧情绪下的无意识应激反应。当然，情绪脑的警报信号也会同时传递给理智脑，希望通过理智脑的理性分析做出适当行为，避免伤害。但可惜的是，人类的大脑演化决定了行为脑的应激反应要快于理智脑的精确判断。那个逃避老鼠的孩子，先以最快的速度逃开，然后回头再看，直到确认这只是个钥匙扣，一切身体反应才逐渐恢复。很显然，理智脑的判断是慢于情绪脑和行为脑的应激反应的。特别是理智脑中负责控制情绪的前额叶皮层，在25岁才能发育成熟。这说明，年龄越小的孩子，他们的理智脑对情绪和身体的应激反应越缺少控制能力，越会通过身体的本能行为宣泄情绪，这是他们的大脑结构所决定的。

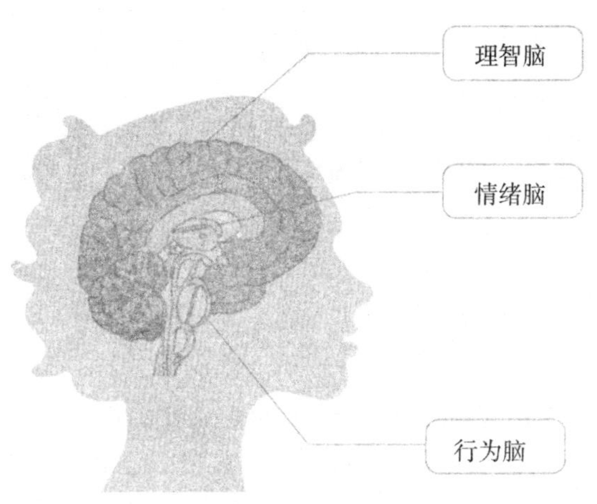

图2–2 三脑模型

这样，我们就不难理解，孩子为什么会容易做出情绪失控的行为了。有的人说孩子“猫一会儿，狗一会儿”，正是形容了这一特征。主要是因为他们理智脑的感知情绪和调控行为的能力尚未发育成熟，只会在情绪激烈的一瞬间，将报警信号本能的传递给行为脑，做出无意识的应激行为（以下统称为下通路），却没有能力有意识地向理智脑传递，做出判断和恰当的行为（以下统称为上通路）。简单地说，就是孩子的上通路还未修通，经常连接不畅或者断开，从而造成情绪失控现象。情绪经常走下通路的孩子，如果得不到训练，就很难形成走上通路的情绪管理习惯。即使长到25岁以后，依然是个容易情绪失控的人。这样的人生活中并不少见，比如：容易暴怒的家长，动不动对孩子做出暴力行为；社会上因为情绪失控伤害到他人的犯罪分子；还有情绪崩溃，走上自杀道路的成年人……由此可见，管理情绪的能力是需要从小学习和训练的，而训练的重点，不是拒绝情绪的产生，而是让自己可以在情绪来临的那一刻，主动连接情绪脑和理智脑，修通上通路，让理智脑、情绪脑和行为脑在情绪状态下还能够三脑协同运作，这才是真正管理情绪的能力。

在接下来的内容中，我们将通过5个生活中常见的情绪问题，从“如何看见孩子的情绪”“如何合理宣泄情绪”，到“了解情绪的价值和转化”，以及“通过替代物和改变想法的方式调节情绪”等内容，帮助家长学习具体可操作的方法和技能，教孩子在情绪状态下恢复三脑协同运作，提升情绪管理能力。家长可以根据文中介绍的具体方法，在生活中与孩子进行练习，不断修通和强化孩子将情绪警报传递到理智脑的上通路。相信通过练习，孩子会较其他孩子更容易觉察和调控情绪和行为，也更容易避免由于情绪失控所造成的伤害事件。

问题 1：孩子总是乱发脾气，到底是为什么？

有很多家长都说，经常被孩子乱发脾气搞得无所适从。有的孩子只要起床必生气。无论妈妈怎样小心翼翼地叫醒他，都逃不过孩子一番大哭大叫；有的孩子想要的东西一旦得不到，要么情绪崩溃、撒泼耍赖，要么一路上噘着嘴，满脸的不高兴；还有的孩子自己的事情做不好，家长还没说什么，自己早已气急败坏了。

【问题解析】

遇到这样的情况，家长通常会用不同的方法，有的试图安抚孩子："好啦，有什么好生气的呀？"有的想办法转移孩子注意力："你看，那个东西多好玩！"但结果却不乐观。有时孩子的情绪不仅没好转，反而更加爆发。有的孩子甚至还对家长拳打脚踢，完全失去理智。这么一闹，本来强忍着怒火的家长终于被激怒了，大吼一声，或者扔出一句狠话："你再闹我就不要你了！"瞬间吓住了孩子，算是平息下来。可过不了多久，同样的情况再次发生，而且更加升级，搞得家长束手无策。

孩子为什么总是爱发脾气呢？了解孩子发脾气的原因有助于家长选择正确的方法应对。

孩子之所以会产生情绪，与他们的大脑结构有关。三脑模型来源于脑科学家麦克莱恩曾经在二十世纪六十年代提出的“大脑三位一体”假说。此理论根据大脑演化史的先后顺序，将人类大脑分成“爬行动物脑”“古哺乳动物脑”和“新哺乳动物脑”三个部分。“爬行动物脑”是指大脑的脑干部位，负责控制人类的基础代谢功能，如呼吸、心跳、肌肉运动等，我们叫它“行为脑”；“古哺乳动物脑”是指大脑的边缘系统，又称“情绪脑”，不言而喻，就是情绪生成的地方；“新哺乳动物脑”称为“理智脑”，人类所有的理性分析、判断、思考、逻辑都是这个部分负责的。可惜的是，孩子的理智脑尚未发育完全，而且越小的孩子理智脑的作用越微弱，当情绪来临，他们根本没有能力走上通路，启动理智脑与情绪脑和行为脑的协同运作。所以才会像案例中描述的一样，直接通过行为脑走下通路，做出无意识的应激反应。这些行为会让不理解原因的家长感到困惑，本来还在理智状态下，忍不住了也被激发出强烈的情绪，同样做出下通路的应激行为。例如：打骂、吼叫，摔东西等。家长的本能应激行为很显然解决不了孩子的情绪问题，当然也无法帮助孩子获得自主连接理智脑的能力。

那么，当孩子发脾气的时候，家长如何做才可以帮助孩子开启上通路的三脑协同运作呢？

首先，也是最重要的，就是要和孩子的情绪脑工作。情绪脑不懂道理，只懂感受，家长在孩子的情绪状态下，理解他们的情绪，帮助他们看到自己的情绪是什么？这是连接上通路最好的方法。也就是说，虽然孩子的理智脑没有发育完善，无法看到自己的情绪和行为，但家长可以帮他看到。家长帮助孩子看见情绪的过程就是在触发他的理智脑想一想："我这是什么情绪？我怎么了？"这些问题正是在促进他们的理智脑发育，是修通上通路的过程。如果不能帮助孩子学会看见自己的情绪，孩子就会被情绪所控制，而不能获得自我控制情绪的能力，理智脑也得不到更好的发展。应特别注意的是，前面说到很多家长忍不住用更大的情绪跟孩子互动，这样只能让孩子感到家长是讨厌自己的。虽然暂时解决了问题，但生气的情绪依然还在内心深处积压，下一次会变本加厉地宣泄出来。这就是孩子为什么总是乱发脾气的原因，而且一次比一次严重。

新的问题来了，如何帮助孩子看到自己的情绪呢？接下来，我们以有起床气的那个孩子为例，教家长朋友几个让孩子看见情绪的好方法。

对话演练

妈妈： 宝贝，起床啦！我们要去上学啦！

孩子： 不嘛，妈妈真讨厌！！我不起床，不上学，别来烦我好不好！！！

妈妈： 呦，妈妈看出来了，宝贝生气了，是不是？

孩子： 谁说我生气了？别跟我说话，我就是不想起，不想起床！

妈妈： 看看我宝贝的小脸，嘴巴噘得好高，眼睛瞪得圆圆的。现在你的脑子里是不是像着了火一样？妈妈说什么，你都感觉火苗往上蹿，压都压不住？

孩子： 是啊！不仅脑子里着火，心里也着火。我就是要大喊大叫，还想打人。

妈妈： 你看，妈妈在纸上画了一个小人，他跟你一样，脑子里和心里有熊熊烈火燃烧着，眼睛瞪得圆圆的，嘴巴张得大大的。你猜，他现在的生气火苗已经烧得多高了？

孩子：已经100层楼那么高了，不对，1亿层楼那么高，都烧到天上了。

妈妈：哎呀，那可真高呀！你说，要是这么高的火苗会不会把咱们家也烧着呢？

孩子：我才不会烧咱们家呢！一会儿火苗就小啦！

妈妈：好啊！那几分钟后你的火苗就小了呢？

孩子：10分钟。

妈妈：哎哟，10分钟可等不及了，我们要想上学不迟到，只能等3分钟了。咱们看看，你这生气的火苗能不能在3分钟熄灭，好不好？妈妈给你记时间，3分钟到了，我们来比赛穿衣服，怎么样？

孩子：好！我的火苗现在就灭了，咱们开始比赛吧！

妈妈：行啊！你也太能干了吧！下次宝贝再感到生气的时候，就画个着火的小人给妈妈看，告诉妈妈你生气了，好吗？

家长帮孩子看到情绪的四种方法：

1. 说出孩子的情绪。教孩子用一个情绪词表达。

2. 描述孩子的表情和身体的感觉。帮助孩子把情绪词与身体的变化对应起来。

3. 画出情绪小人。引导孩子形象地看到自己的情绪状态。

4. 评估情绪的大小。让孩子对自己的情绪强度有所辨别和比较。

以上几种方法会通过对情绪的讨论和形象化操作，让孩子对自己的情绪产生理解，同时感到家长并不讨厌自己的情绪，这个过程就是看见情绪、接纳情绪的过程，可以帮助孩子重新连接理智脑，恢复理性的思考和判断。

问题延伸

如果家长朋友也没有看见情绪的能力，就会像孩子一样，任由情绪脑和行为脑做出不理智的行为，而无法控制。这时，家长也需要运用上面几种方法，先看到自己的情绪，再帮助孩子。比如：家长可以和孩子一起画情绪小人。孩子画家长的，家长画孩子的。在这样互相看见的过程中，双方找回理智脑，情绪才能得以控制。当然这样的方法一定是在有时间、有条件的情况下完成。

问题 2：孩子不管遇到什么事都爱哭，这是为什么？

有家长咨询，她的孩子是个小女孩，今年 6 岁，上小学一年级。孩子不管遇到什么事，就是爱哭。丢了东西哭，被人欺负也哭，晚上不敢睡觉会哭，甚至不知什么原因，好好的就哭起来。家长越劝她不要哭，她还越哭得厉害。一天一小哭，三天一大哭。有时在课堂上也忍不住就哭起来了。

【问题解析】

首先，不管是生气还是伤心，或者是其他情绪，它们产生的原因都与大脑的结构和功能有关。我们已经知道，当情绪脑产生情绪，会命令行为脑做出各种行为。哭就是一种宣泄情绪的本能行为。

喜、怒、哀、惧是人作为动物本能的原始情绪。一般来讲，人感到伤心难过的时候才会哭。如果孩子遇到什么事都觉得伤心，很少产生其他情绪，这几乎是不可能的。那为什么孩子好像只会伤心难过呢？有一种可能是，在强大的潜意识作用下，孩子将其他原始情绪进行了转化，把那些不能够直接表达的情绪，转化成伤心难过表达出来。

这就产生一个问题：本来各种情绪，为什么要转化呢？这其实是孩子的一种本能选择。在生命的最初几年里，由于缺乏言语表达的能力，孩子表达情绪的行为是自发的、无意识的。他们希望父母看见和理解自己全部的喜怒哀惧，却又说不出来。有的父母因为自身的原因，会选择性的看见孩子的情绪。比如：开心、愉悦等令人舒服的情绪，就会被看见和鼓励；但生气、愤怒等爆发性强的情绪，被认为是不好的，就很容易被忽略掉。甚至有些家长根本不允许孩子生气，特别是女孩子，他们认为女孩子不应该生气，这样显得特别粗鲁。每当孩子表达生气的情绪时，就会教育她“要矜持”。慢慢地，孩子发现只有伤心哭泣才被允许，生气、愤怒、恐惧等其他情绪都是不应该出现的。出于本能的选择，他们就会在潜意识中把生气等情绪统统转化为伤心，用哭泣的方式来表达。长此以往，哭泣就成为一种习惯，伤心难过也成为孩子唯一可以表达的情绪。

类似的问题有很多，有些孩子不被允许伤心和懦弱，就转化成生气，遇到事情只会乱发脾气；有的孩子一遇到害怕就被教育“不要怕”，时间长了就真的“不怕”了，但其他时候情绪就很不稳定……情绪是一种能量，一定要得到释放。就像污水管道，如果不能保证四处畅通，情绪积压后会造成走向单一和集中爆发。而且这样经常转向，作为父母也很难识别，不容易与孩子共情，这对亲子沟通带来了很大的障碍。孩子长大也难以找到让自己痛苦的真正来源，给自我觉察带来困难，成长的道路就会走得更加漫长。

因此，父母工作的重点是和孩子一起看见真实的情绪是什么，让孩子重新体验丰富的内在感受，并学会用多种方法表达真实的情绪。

对话演练

妈妈： 宝贝，妈妈看到你哭得好伤心，能告诉我发生了什么事情吗?

孩子： 就是……就是同桌抢了我的铅笔……还把它弄坏了……

妈妈： 是嘛，那你的大脑里是什么情绪先生跑出来了?

孩子： 是伤心先生，全是伤心先生!

妈妈： 妈妈知道了，你的伤心先生跑出来了，就会让你特别想流眼泪。你知道如果妈妈遇到这样的事，是什么先生会跑出来吗?

孩子： 不知道。

妈妈： 如果我遇到这样的事，我的生气先生会跑出来的。我可能就会用很严肃很大的声音告诉他：“你弄坏了我的笔，我很生气，你必须向我道歉!”

孩子： 我也可以生气的，是吗?

妈妈： 当然可以啦!妈妈这里还有一些情绪卡片，你猜猜遇到这样的事，其他人会不会跟我们有不一样的情绪呢?

孩子： 我找找……我猜有的人可能是郁闷，也可能是无奈，或者……厌恶、沮丧、怀疑……

妈妈：嗯，都有可能！不同的人可能会有不同的情绪先生跑出来，每个人的情感世界都是特别丰富的。这些情绪卡片送给你，下次遇到什么事情，你可以先和妈妈一起找一找你的情绪是什么。

孩子：可是妈妈，要是我就是想哭怎么办呢？

妈妈：想哭就哭出来啊！妈妈都会陪着你的。等你哭好了，我们再来玩这个游戏。

孩子：那要是下次他们再来抢我的东西，我能不能也像你一样生气呢？

妈妈：可以呀！如果你生气了，就像妈妈那样坚定地直接告诉他。否则同桌看到你哭，也不知道你到底怎么了，下次有可能还会来欺负你的。

家长帮孩子体验多种情绪的方法：

1. 看见现在的情绪。孩子遇到问题想哭是正常的，父母要允许他们先用自己熟悉的方式表达现在的情绪。

2. 和孩子交流、讨论情绪事件，让孩子理解可以有不同的情绪和行为产生。

3. 运用情绪卡片，通过游戏帮孩子拓展情绪体验，丰富情绪词汇。

以上几个步骤中第一步是关键。无论孩子习惯用什么方式，在情绪来临的那一刻，先表达出来最重要。这样才能将大脑的三个部分连接起来，后面的讨论和游戏才有意义。当然，孩子一旦形成习惯，就不容易很快改变。家长要有耐心，不断重复这个过程。只有在安全的环境中，孩子才能学会真实表达情绪。

问题延伸

我们希望家长也试着觉察自己内心的真实情绪。在想要发脾气的时候，先问问自己："我现在的真实情绪是什么？因为什么我会有这样的感受呢？"然后再将您的真实感受和想法告诉孩子。比如："宝贝，妈妈看到你没有考好，心里感到特别挫败。""宝贝，每当你玩游戏时间过长时，妈妈都感到特别焦虑。"这样的真实表达，会促进孩子更加理解父母，他们也会因为爱，愿意改变自己的行为。

问题 3：家里养的小动物死了，孩子很伤心怎么办？

女孩 10 岁，精心养了一年的小仓鼠生病死了，她因此伤心不止。不论妈妈怎么劝说，就是哭得停不下来，哭着喊着要这只小仓鼠回来。她妈妈后悔不已，说："还不如瞒着不告诉她呢！这么没完没了地哭下去可怎么办呀？"

【问题解析】

家长往往会有这样的心态，看到孩子伤心，自己也感到很不舒服。因此，恨不得让她马上好起来。甚至有的家长根本不告诉孩子，偷偷处理掉宠物的尸体。等孩子问的时候要么说"不知道"，要么干脆偷偷换一只长得比较像的，欺骗孩子。电影《狗十三》就有这样的片段。一个青春期女孩的小狗走丢了，家人为了不让他伤心，就买了一条模样差不多的狗，欺骗她小狗找回来了。但女孩一眼就认出这不是自己的小狗，无论怎么询问，家人都死不承认。女孩每天惶恐不安，家人还自以为是，觉得这样做是在为孩子好。

其实，家长希望孩子每天都开心快乐，是可以理解的。但无论我们有多么美好的愿望，现实却总也避免不了大大小小的遗憾。比如：丢了心爱的东西，家人或朋友离我们而去，想要做的事情没能成功，想要达成的心愿不能达成……这些遗憾伴随着每个人的成长。仔细体会这些事件，它们都有一个共同的特点，就是“丧失”。要么是已经有的后来失去，要么是想得到而得不到。“丧失”引发的伤心情绪让每个人都很不舒服。那为什么伤心难过还会随着演化，保留在人类的情绪中呢？它对于人类到底有什么意义呢？

从心理发展的角度讲，刚出生的婴儿内心是拥有全能感的。他们生活在自我幻想的世界中，想象着自己无所不能。随着慢慢地长大，婴儿逐渐发现，现实并不能满足自己任何的需求，肚子饿了不能马上吃到奶；想让妈妈抱，妈妈却还没有下班回家；喜欢的玩具不小心丢掉再也找不回来；好朋友生气不和自己玩了……每次丧失的体验，都让他们从想象世界向现实迈进了一步，似乎又看清了真实世界的一个角落。丧失是痛苦的，不能满足需要是令人无法接受的，但这又是孩子走向现实世界，获得成长必须要经历的。于是，伤心难过的情绪帮我们向美好的幻想告别，眼泪帮助我们释放掉“想要却得不到”所积累的大量能量。面对丧失，如果可以有机会痛痛快快地大哭一场，认认真真的向“得不到”说声再见，才能做到真正放下，轻装大步朝前走。这便是成长。就像一篇文章，画了句号才算结束，然后才能开始新的篇章。但是如果文章的后面总是省略号，对每个读者来说充满未知，又怎能轻松放下，怎能重新开始新的篇章呢？因此，伤心难过的意义在于，让人类在向现实妥协的过程中获得成长的动力，逐渐成为更加成熟的社会人。

孩子内心成长的力量，就是从小在一次次真正的伤心和告别中练就的。失去了一支笔、想吃冰激凌没有被允许、争取当班干部但却落选了……俗话说：宰相肚里能撑船。没有坎坷的经历，没有无数次放下和妥协，哪可能有如此大的胸怀呀！

由此，作为家长要允许孩子伤心。不仅引导孩子表达出伤心，还要陪伴孩子一起回想引发伤心的事件，并用恰当的仪式帮孩子画上“句号”。

对话演练

妈妈： 宝贝，妈妈要告诉你一件伤心的事：你的小仓鼠今天得病死了。

孩子： 什么？死了？为什么会这样？哇——

妈妈： 宝贝，妈妈知道你听到这个消息一定会伤心。你每天放学第一件事就是来看小仓鼠，一直细心照料着它。想起这些画面，妈妈也感到格外伤心。

孩子： 是的，小仓鼠是我的好朋友，我每天放学最惦记的就是它。我们还经常一起玩。

妈妈： 是啊！一看见小仓鼠，你就总是咯咯笑个不停。小仓鼠也好像把你当成伙伴了，瞪着大眼睛看着你，等你给它喂食。

孩子： 可是，妈妈，小仓鼠回不来了。我再也不能给它喂食了，它会很想念我的。哇——

妈妈：是啊，小仓鼠的寿命没有人这么长，它不可能一直陪伴着你。不过，死去的小仓鼠一定感到很幸福，因为有你一直爱着它呢。

孩子：可是，妈妈，我还是舍不得它，我想念它的时候怎么办？

妈妈：这样吧，我们找个盒子，把小仓鼠放在里面。找个没有人打扰的地方把它埋在土里，在土上种朵小花。平时太阳公公、风婆婆都会照顾它，你想它的时候也可以去看望它，好吗？

孩子：好，我去找盒子……妈妈小心，慢慢把仓鼠放进去。我还要找个小铲子，挖个坑……慢点，别碰到小仓鼠。

妈妈：好啊！妈妈帮助你。……看，我们已经把小仓鼠安顿好了，你满意吗？

孩子：满意。我还要给它写个墓碑：爱鼠之墓。它会永远记得和我在一起的日子的。

妈妈：时候不早了，我们该和小仓鼠说再见了。你什么时候想念它，随时来看望它。

孩子：小仓鼠，再见了，我会想念你的。

SEL 方法

小仓鼠死了，家长跟孩子完成伤心的过程：

1. 坦然面对。直接告诉孩子小仓鼠已经死去这件事，承认和允许伤心的情绪产生。

2. 回忆过去。与孩子回忆小仓鼠和他在一起的美好时光，帮孩子把伤心从潜意识提取出来，从意识上看到现实。

3. 告别仪式。用埋葬小仓鼠的仪式，帮孩子为这件伤心事件画上

“句号”，完成对小仓鼠的道别，真正地放下。

孩子在经历丧失时，心里往往是不愿意接受的。家长的允许、陪伴，特别是一起回忆和小仓鼠经历过的美好时光，都能帮孩子唤起美好记忆，避免了无意识的压抑情绪。举行正式的告别仪式，会帮助孩子在心里建立寄托，在现实中接受事实。

问题延伸

给大家再介绍一些“与伤心共处”的方法：把伤心的事写在纸上；给信任的人讲自己的伤心事；什么也不说，什么也不做，陪伴伤心待一会儿；想哭就哭出来……值得注意的是，小仓鼠死去这样的事，家长还比较容易处理，但有一些大的丧失，家长自己也很难从伤心的情绪中走出来。这时，家长也要多一份觉察，先用我们介绍的方法面对自己的伤心，照顾好自己的情绪，才有能力帮孩子处理。

问题 4：孩子一直都很乖，很听话，好不好?

家长们聚在一起，一说到自己家的孩子爱发脾气，就感到发愁。但也有的家长此时会非常自豪地表达：“看我家孩子，从小到大从没发过脾气，现在上了小学，在学校是听话的好学生，在家里也是懂事的乖孩子，一点都不给家长添乱。”往往这时，其他家长都禁不住表示羡慕，赞扬这个省心的好孩子。

【问题解析】

俗话说，“孩子的脸六月天，说变就变。”像案例中这个从来不变脸的“好孩子”，真的值得鼓励吗？大家都看过美国动画电影《头脑特攻队》吧。里面讲述了一个小女孩莱利的故事，在经历了搬家、转学等一系列的事情后，莱利变得郁郁寡欢。为了让她快乐起来，头脑中的情绪小人“乐乐”想占据大脑操控台，不允许其他情绪“干扰”她，尤其是不让“忧忧”靠近大脑操控台。但是这些努力仿佛都是徒劳。“乐乐”越讨厌“忧忧”，莱利越高兴不起来，大脑中构建的世界逐渐崩塌。直到有一天，莱利终于离家出走了，“忧忧”才回到大脑操控台。那些童年的美好回忆突然浮现在莱利的脑海中，莱利大哭了起来，当伤心的情绪被允许和接纳的那一刻，女孩的世界终于再一次光明起来。

这个故事告诉我们，一直都没有情绪的乖孩子，或者始终都保持快乐的“阳光孩子”，这可能只是一种“假象”。他们表面看起来风平浪静，内心却可能是暗潮汹涌。原因很简单，就是因为各种情绪都是人类大脑的必然产物。无论是喜还是怒、哀、惧，都伴随大脑的演化一直存在着，并发挥着重要的作用。忽视了它们的作用，不允许多种情绪同时存在，就违背了人类发展的规律，必然会出现心理问题。那么，喜、怒、哀、惧的情绪对生命有什么意义呢？

“喜”，是人类动力的源头。想想看，当你做一件感到高兴的事，会怎样？孩子玩乐高的时候特别高兴，他就会一直想玩下去；跳舞的时候很开心，他就会想当个舞蹈家；喜欢谁，就会愿意付出时间和精力与他（她）相处。反之，不喜欢的事情则做得很没劲，没有动力继续下去。很多人的拖延就是缺乏动力造成的。

“怒”，表达边界。比如：有人不经同意就拿走自己的东西；孩子没有按照妈妈的要求完成计划；被人用言语谩骂，甚至对我们的身体进行攻击……这些行为会让我们生气发怒。这是因为对方侵犯了我们能够承受的范围，侵入了自己的边界。在人与人交往的过程中，只有互相尊重边界，才能更容易和睦相处。如果不能适时的表达“怒”，他人就会不断侵犯自己的边界，人就失去了自尊与平等。

“哀”，获得成长。在现实世界中，没有任何人可以“心想事成”“十全十美”，这往往是人类美好的愿望。面对生活中的“失去”和“得不到”，悲哀是向它们告别的方式。当我们可以痛痛快快的大哭一场时，才能放下完美的期待，向现实妥协，去更好地适应环境，生存下去。这就是成长的过程，也是成熟的过程。不能够悲哀的人，就不能在释放中获得成长的力量。

“惧”，保护安全。不管对事物，还是对人，害怕的情绪可以帮助我们规避可能带来的风险，保证人身的安全。

如果说任何情绪都有着如此重要的作用，那么人类就不可能没有情绪。表面的平静，很有可能隐藏着危机。在心理学临床上，有些孩子像电影中的女孩一样，青春期集中爆发，出现极端行为；有些孩子则由于长期压抑情绪，出现抑郁、强迫等心理问题，甚至还会产生抽动等躯体症状。

因此，我们建议家长不要以孩子“没有情绪”“听话”为骄傲，更不要用夸奖强化孩子的这些行为。正确的做法是，家长要允许孩子有任何情绪的表达，越能够大胆表达情绪的孩子，对身体和心理发育越有好处。对于不善于表达情绪的孩子，家长反而要鼓励他们宣泄情绪。

甚至，家长可以主动成为孩子情绪的“垃圾桶”，让孩子在安全的环境中表达任何情绪。

妈妈：宝贝，因为昨天9点没有写完作业，爸爸狠狠批评了你。你是不是很委屈呢?

孩子：没事的，妈妈，爸爸批评我是对的，是我做得不好。

妈妈：那咱们想一想，要是你的玩具小熊听到爸爸这样批评它，会是什么感受呢?

孩子：也可能是伤心吧。

妈妈：我猜还可能是害怕，或者委屈。

孩子：妈妈，我昨天好像也挺害怕的，吓得我都不敢说话。

妈妈：妈妈也看出来了。你要是感到害怕，就大声地哭出来，告诉妈妈也行，不要憋在心里。

孩子：可是，爸爸说不要动不动就哭，爱哭鼻子不是好孩子。

妈妈：喜怒哀惧是每个人都会有的正常情绪，特别是一些让你不舒服的情绪，如果不允许它跑出来，它们就会像管道里的淤泥一样，积攒在你的心里。等哪天实在憋不住了，一股脑地喷出来，这样会让你更难受。所以，妈妈希望你能想发脾气的时候就发，伤心了就哭，害怕了就来找妈妈保护你。你依然是我们心中的好孩子。

孩子：可是小明前天上课的时候跟老师发脾气，老师就请了家长，狠狠地批评了他呢!

妈妈：这并不能说明小明是坏孩子，只是他发脾气没有找对时间和场合而已。妈妈告诉你，你有情绪的时候，要是感到有些地方不安全，你就来找妈妈，妈妈随时都是你的情绪垃圾桶，好吗？

孩子： 好，谢谢妈妈。

SEL 方法

情绪的意义："喜"产生动力，"怒"划定边界，"哀"学会放下，"惧"保护自己。

面对不会表达情绪的孩子：

1. 允许他的各种情绪。
2. 鼓励他用任何方式表达情绪。
3. 给他的情绪做坚强后盾。

每个人强憋着情绪，都会感到很累，更何况是孩子。当给堵满了淤泥的情绪管道打开一个出口，那些不舒服的情绪就有流动和倾泻的机会了。管理情绪不是压抑情绪，而是允许各种情绪在身体里流动。情绪是孩子内心的声音，他们的情绪被看见，被允许，才能让他们脱去伪装的面具，做真实的自己。

问题延伸

还要提醒家长朋友的是，成人在成长道路上也有可能曾经压抑了很多情绪，要想学习理解孩子的情绪，家长首先要允许自己的情绪。如果每次发完脾气，您都会伴有自责、内疚、后悔，就说明您并没有理解和允许自己的情绪。有的家长容易将自己积累的情绪宣泄给孩子，这也是很正常的事情。只是我们需要多一份觉察，知道自己的情绪被孩子所承载。在您发完脾气后，别忘记跟孩子说声谢谢，感谢他为您的情绪做了一次“垃圾桶”。

问题5：妈妈出差，孩子又哭又闹不让走怎么办？

儿子6岁，上一年级，妈妈的工作需要每个月都出差几天。从小到大，每次妈妈出差孩子都又哭又闹，死活不让妈妈走，好像生离死别似的。本以为上学了，长大了，应该好一些了。可没想到这种现象更加严重了，弄得妈妈一点办法也没有，只好让奶奶或其他人拉着他，强行离开。有的时候，还会趁孩子睡着，偷偷走掉。

【问题解析】

从上述的介绍看，当妈妈要出差离开时，孩子产生了严重的焦虑情绪。这样的情况有很多，不光是出差，有的孩子平时也特别黏妈妈。妈妈把他送到营地去锻炼，可孩子晚上想妈妈哭闹，经常就被提前接回家；还有的孩子没法上学，每天早上，妈妈好说歹说送到学校门口，却哭着不进去，连正常的学习也保证不了。

为什么会出现这样的问题呢？我认为，可能与三岁以前，母亲和孩子没有处理好分离有关。如果孩子分离焦虑的情绪过于强烈，即使年龄更大一些，也同样会出现这种现象。

怎样做才能处理好分离焦虑的情绪呢？其实，我们每个人从出生那一刻起，都自带原始分离焦虑，孩子离开妈妈的子宫出生就必然会产生分离焦虑。因此，我们提倡孩子出生的1年内，妈妈最好24小时不离开孩子的视线。只要孩子有需要，就尽力马上满足。这样，孩子的基本安全感才会建立起来，对外部世界才有了最基本的信任。

当然，这也只是理想状态。事实上，即使妈妈使出全身的力气，也不可能全部按需满足。随着孩子渐渐长大，"养育环境失败"的情况也越来越多。比如：孩子饿了大哭，可妈妈正在做饭，不能马上喂奶；孩子需要抱抱，可妈妈上班还没有回家……为了让自己适应现实，孩子会逐渐发展出"自我安慰机制"，比如吃手，或者用有妈妈味道的东西替代妈妈等，这是孩子心理健康发展的过程。从养育环境的绝对满足，到适当失败，孩子通过自我探索和使用"过渡客体"，不仅提高耐受焦虑情绪的能力，还发展出"自发创造性"。

但如果孩子刚出生，妈妈比较焦虑，或者不能在孩子身边全心照顾，孩子没有体验过养育环境绝对满足，长大一些，妈妈还不允许他们用吃手、闻被角等方式缓解焦虑，孩子就容易处于原始焦虑的痛苦状态，很难控制情绪。

前面说到的妈妈，她看见孩子哭得烦，就让家人拉走孩子，强硬地离开，或者偷偷溜走，这些都是不正确的方式。这是因为，情绪是会传染的。孩子哭闹，妈妈无法承载他的情绪，"眼不见心不烦"，就会选择"扔掉孩子"的办法。这种做法更加剧了孩子的恐惧，他被动地失去妈妈，却又不知道妈妈什么时候再次出现。失去掌控感的孩子会陷入情绪崩溃的局面。下次，他会担心妈妈再次消失，情绪愈加强烈，坚决不放手。因此，这种逃跑、回避，或者教育孩子"你要坚强"的办法，往往都是无效的，甚至还会加深孩子的焦虑情绪，形成恶性循环。

因此，面对这样的孩子，妈妈还是要尽力弥补情感陪伴的缺失，找机会多跟他在一起。即使真要离开，也要直面孩子的情绪。比如：跟他说清楚自己去哪里，走几天，什么时候就回来了；提前给孩子做个日历，让孩子看着日子等待妈妈；还可以让孩子选择随身物件替代妈妈……虽然依然不愿妈妈离开，但是这些方法至少令孩子感觉还能掌控“妈妈什么时候回来”，他也会安心很多。

举个例子，有一次在营地，一个孩子因为想妈妈哭了。老师并没有回避孩子的情绪，也没有教育他“要勇敢坚强”，而是跟孩子一起给妈妈打电话，让孩子感受到，妈妈虽然人不在这里，但她并没有消失。而后，老师陪孩子躺在床上，拍着她的身体，有意识地跟孩子谈论妈妈：“妈妈平时是怎么哄你睡觉的？你教教我，我也这样做。”孩子边哭边和老师回忆着妈妈，内心的焦虑情绪得到安抚，很快就睡着了。

对话演练

妈妈：宝贝，妈妈明天要出差了。

孩子：哇——我不许妈妈走，你不能走。

妈妈：哎哟，看宝贝哭的多伤心。妈妈离开你，心里也是好不舍呀，我都想哭出来了。

孩子：妈妈，那你别走了吧！

妈妈：我也好想留在你身边，可努力过了，工作还是不允许啊！不过，这次本来是出差5天，妈妈争取到3天就回来呢！

孩子：真的吗？那太好了！可是，3天，我还是不想让你走……

妈妈：你看，妈妈给你准备了一个日历表，从周一到周三，妈妈走三天。你跟爸爸在家里。你监督爸爸每天早上送你上学，一共送3次，到第三天晚上放学的时候，你一出校门就能看到妈妈了。

孩子：好，爸爸送我一次，我就做个记号。可是，你不在的时候，我还是想你怎么办呢？

妈妈：要是晚上在家，你想妈妈的时候随时给妈妈打视频电话。如果是在学校，不方便打电话，你可以从家里选一个东西代表妈妈，随时带在身上。想妈妈的时候拿出来看看，妈妈也能感应到呢！

孩子：那我想想。对了，这支笔是你上次出差买给我的，我就把它放在铅笔盒里，想你的时候就看看它。

妈妈：这个主意好！只要写字，你就把“妈妈笔”拿出来，握在手里，妈妈就跑不掉了。我还有个主意，明天早上，你早点起床送妈妈，妈妈在你的手心亲一下。这样，你就能把妈妈的爱攥在手里了。下课的时候，也能随时打开手心，感受到妈妈。

孩子：妈妈，你的主意也很好！明天你出差吧，我们过三天就能见面啦！

妈妈要离开，但孩子很焦虑时：

1. 接纳和包容孩子的焦虑情绪。
2. 告知孩子妈妈离开和回来的准确时间。
3. 找一个“妈妈替代物”，讨论使用方法。
4. 提前几天开始讨论。

当然，每个孩子的情况都不一样。但一个基本原则就是，孩子对妈妈的依赖是因为心理不安全导致的。如果每次都能用以上的方法赋予他掌控感，这种问题就会逐渐减轻，至少不会加深。如果妈妈预判，分离的时候情况会比较严重，就要再提前几天，每天跟孩子来探讨这个问题。甚至多想一些“掌控妈妈”的办法，帮助孩子。但无论如何也不能强硬执行，否则，孩子好容易建立的一点信任就会再次丧失，孩子会更加不相信妈妈，变本加厉地依赖妈妈。

问题延伸

还要提醒的是，平时妈妈也可以经常跟孩子玩“捉迷藏”的游戏，妈妈藏起来，让孩子来找。故意让孩子找到时，告诉他：“妈妈又被你抓到了。看来妈妈跑到哪里都逃不出你的手掌啊！”用这样的语言帮孩子建构一个认知——“即使妈妈不在，她也逃不出我的手掌。妈妈永远都在我的掌控中。”随着孩子长大，“妈妈在心里”的安全感已经夯实，就是他们要远走高飞的时候了。世界上最伟大的爱是母爱，因为母爱从一开始就在为孩子离开妈妈做准备！

第三章　社会与情绪技能
——构建小学生的多元化思维

上一章从三脑模型（行为脑、情绪脑、理智脑）讨论了关于情绪管理的问题，知道情绪管理是三脑协同运作的结果，越成熟的人，三脑协同调节情绪和行为的能力越强，这是人类特有的能力。

这一章，我们把视角切入思维模式。这也是人类高级于动物的最大特征。在生物演化过程中，人类理智脑的演化得到了前所未有的发展。它具有时间空间感，拥有提出问题、分析判断、逻辑推理和解决问题的能力。思维模式决定了人类个体的内在自我与现实世界能否统一协作。美国小说家菲兹杰拉德 (F.Scott Fitzgerald) 曾说过："检验一流智力的标准，就是在头脑中同时存在两种截然相反的想法时，仍能保持正常行事的能力。"这种看似矛盾的表达正反映出了多元化思维的特征。简言之，一个人的思维是否发展成熟，就看他能否从多个角度看待同一件事，能否允许多种想法同时存在。用走路做比喻，同样是要到达目的地，有的人是一条道走到黑，有的人能"条条大路通罗马"，寻找到更多通往目的地的路径。这两种行为模式直接反映出思维模式的不同。很显然，具有第二种思维的人更加灵活，有主动性，成熟，适应性更强。

多元化思维来源于后现代思潮。随着社会发展的国际化、复杂化，后现代理论越来越受人喜欢。它不太重视因果关系，也不太强调理论性和科学根据，而更提倡经验和相对主义。它倡导将相关的多方资源进行整合，寻找灵活有效的方法和结果。它强调人不是问题，“问题”才是问题，只要人能够发现自身的资源，主动利用资源，就可以解决所有问题。例如：很多家长问：“到底能不能惩罚孩子？”“惩罚一定会给孩子带来伤害吗？”有人回答：“这还用问？惩罚是错误的教育方法。”但换一个角度，难道惩罚孩子的行为真的没有意义吗？很显然，短期效果还是有的。如果家长既没有更好的教育方法，又被告知“惩罚是错误的”，就会变得束手无策，反而更加焦虑、紧张和内疚。这样的家长对孩子的成长一定有好处吗？中国千百年来的教育习惯不是一朝就能改掉的，怎么办？如果用多元化思维看，我认为，家长需要考虑的不是要不要惩罚，而是怎么惩罚，惩罚的方式是什么，什么错误需要惩罚，惩罚完孩子怎么修复关系，怎样和孩子讨论错误才能让他从错误中成长。这样就把单一化的问题思路转化成了更有意义和可操作的思路，既让家长合理释放情绪，同时也修复关系，从错误中得到提升。如此，惩罚的行为不再是“问题”，而是可利用的“资源”。因此，具有多元化思维的人，他们更善于将“问题”转化为“资源”，让“问题”成为发展自己、继续向前的工具和能力。

如何建立多元化思维呢？我们从四个角度来说明。首先，问题的产生一定与人有关，不同的人际关系可能导致不同的问题。和不同的人相处时，心境、态度和行为会有不同。有的人一见面就想争吵，而有的人却总是一见如故。这是人际观决定的。第二，还有很多问题，和历史过往有关。比如有的人很害怕老鼠，是因为曾经被老鼠吓到过。这是历史观决定的。第三，有的事情明知道对身体不好，却还是坚持做，比如抽烟。有的人一边大呼吸烟有害健康，一边却怎么都戒不掉。

因为，每当情绪无法排解时，抽烟会让他感到舒服。这就说明，抽烟对他来说是有内在意义的，当然没有那么容易戒掉。这是意义观。第四，任何问题不是静止的，而是动态的。孩子今天贪玩没有写作业，不等于以后天天都不写。现在找到一份好工作，不等于就可以高枕无忧……一切事情都是发展变化的，今天的问题以后可能就不是问题。这是发展观。如果面对问题，可以从人际观、历史观、意义观和发展观四个视角观察和判断，做出的决定就不会那么草率，解决问题的方法才可能多样。

接下来，我们将通过 5 个常见的家庭问题，帮助家长学习如何从多个视角看待孩子的问题，怎样把对孩子单一、绝对的评判向多元转化。当带着人际观、历史观、意义观和发展观看问题时，会惊喜地发现，其实问题没有想象的那么糟糕，情绪也就不会太过激烈。同时，在平稳的情绪状态下，行为也会变得更加理性和具有指导性。孩子从家长的引导中，不仅可以找到解决问题的方法，也能够间接形成多元化的思维方式，为他未来自主解决问题打下坚实的基础，本来糟糕的后果就有可能进入良性循环的状态。

问题 6：孩子把送给别人的玩具又要回来，这是说话不算数吗？

男孩儿淘仔，小学二年级。有一次，妈妈同事的孩子小柯来家里玩，很喜欢他的变形金刚。妈妈希望孩子学会分享，就劝说淘仔把变形金刚送给小柯。淘仔满口答应了。可没想到，等到小柯拿走变形金刚后，淘仔又后悔了，哭闹着，想要回变形金刚，说什么也不送了。妈妈感到十分困扰，这个孩子怎么说话不算数呢？

【问题解析】

这种说出的话又后悔的事，在孩子们之间经常发生。通常情况下，家长会给孩子贴上“自私”“小气”“说话不算数”的标签。其实，并不像家长想得这么简单，贴上标签非但不能解决问题，还往往会蒙蔽双眼，忽略掉真正的原因。

当家长希望孩子把变形金刚送给朋友时，是碍于同事的面子，当然也期望孩子学会分享。可见，家长心里已经对此事的后果进行了评估：这是我的同事，他的孩子高兴了，我们的同事关系更近了；大不了之后给孩子再买一个……但要注意的是，这个决定是在家长自己评估的基础上做出的，家长已经预估预判了其中的风险，并做好了心理准备。但孩子根本不知道妈妈是怎么想的，即使知道，也不一定能够理解。

所以说，孩子出现这种现象不是他们的错，不应该被贴上负面标签。这是做家长的将个人主观意愿强加给孩子的结果。既没有尊重孩子的主观意愿，又没有帮助孩子对问题的后果进行评估，当然也不能帮孩子学会分享了，甚至还可能给孩子造成严重的情绪困扰，更不有利于提升孩子的社会与情绪能力，增强他们做决定的意识。

到底该怎么做呢？首先，爸爸妈妈无权对孩子的玩具随意做决定。

家长要尊重孩子对玩具的所有权。孩子内心的安全感是“我可以掌控”，不仅对人，对物件的掌控也是获得安全感的重要途径。当孩子感到自己是玩具的主人时，他们才更具有自主性。家长要询问孩子的想法，是否愿意把玩具送给他人。不管孩子同意送还是不同意送，都尊重孩子的意见。家长万不可以自作主张，随便处理孩子的物品。案例中家长的做法忽视了孩子对玩具拥有“控制权”，是严重的越界行为。长此以往，孩子控制感缺失，自我边界也越来越模糊。当然他也没有能力觉察他人的边界，情绪化严重，造成人际关系的混乱。

当然，有人会说，有时明明是孩子自己决定要送的，还是会说话不算数啊！这也是很正常的现象。孩子年龄小，他们做的决定只是当下的，对接下来可能会发生的后果根本没有评估，甚至只是为了让妈妈高兴，当个“爱分享的好孩子”。可朋友走后，才突然发现，从此自己的好玩具再也见不着了，这时才反应过来！面对根本无法承担的后果，后悔的情绪汹涌而来，感到天塌下来了。

因此，家长不能只简单征求孩子的意见，还要提前跟孩子讨论送与不送可能的后果是什么，帮助孩子在做决定前，对可能的结果做好预估预判。这样做不仅能解决眼前的问题，也在教孩子更加理性地思考问题，形成做决定预估预判的思维方式。这一点对于孩子未来走向社会是非常重要的。

对话演练

妈妈： 宝贝，妈妈的同事阿姨带着她的孩子小柯来咱们家玩。小柯特别喜欢你的变形金刚，你愿意送给他吗？

孩子： 我……我也不知道。妈妈你说我要不要送给他？

妈妈：变形金刚是你的玩具，你是它的主人。如果你愿意送给他，妈妈也很高兴，如果你不愿意，妈妈当然会尊重你的想法。

孩子：那我还是送给他吧。

妈妈：宝贝，妈妈知道你是关照到了我的想法。不过我们也要想一想，如果送给小柯，接下来可能会有什么结果呢？如果不送，又会怎么样呢？我来找张纸，咱们把这些结果都写下来。

孩子：好。我想想……如果我要是送给他，阿姨会觉得我是爱分享的好孩子，妈妈也会很高兴。

妈妈：可是，你就再也看不到你的变形金刚了。也许你会想它，也可能还会后悔。如果不送呢？

孩子：不送我就能继续和变形金刚玩了。

妈妈：是啊，不过，第一次认识小柯，不表示心意，别人也许会感到你比较小气。

孩子：那我想想。妈妈，我怎么发现不管是送还是不送，都有好的地方，也有不好的地方呀！

妈妈：是啊，任何一种选择都不可能是十全十美的，就看你更在乎什么了。

孩子：那我还是送给小柯吧，我想让小柯以后还来我家玩。

妈妈：行，妈妈尊重你的选择。那如果变形金刚不在了，你想玩的时候怎么办呢？

孩子：妈妈，你能不能再给我买一个？或者我去找小柯一起玩。

妈妈：这两个主意都不错。这样，妈妈再给你买个不一样的变形金刚，以后你拿着新的去找小柯玩，你们就有两个了。

孩子：就这么定了，妈妈，我现在就把变形金刚送给小柯。

SEL 方法

孩子的东西需要自己决定送不送人：

1. 承认孩子对玩具的所有权。告诉孩子“你是玩具的主人”，允许孩子做出任何选择。

2. 帮孩子分析后果。帮助孩子从送和不送两个角度讨论可能的后果，不仅有好的一面，也有不好的一面，都让孩子看得见。

3. 请孩子自己做选择。这时孩子的选择就不是情绪化的了，他会根据自己的需要和承担能力，做出适合自己的选择。

4. 对可能的后果做出可行性的预案。

孩子不管选择什么，都可能会出现糟糕的结果。孩子往往无法评估到这一点。家长的责任不是帮孩子选择，而是通过呈现和讨论，评估哪种后果是最不可能接受的，同时想到应对方案。这是“面对两难选择”的思维模型。拥有这样的思维方式，会增强孩子对问题的“掌控感”，做出负责任的判断和选择，降低选择后的风险。

问题延伸

其实身边有很多成人也不具有这种评估能力和思维方式。被情绪所驱动，往往会简单草率地做出选择和决定。等问题出现了，又无法承担相应的后果，要么是后悔，要么怨天尤人。这样的决定是不负责任的决定。

思维方式可以后天培养，但不是一长到 18 岁就能突然拥有。从儿童时期开始，抓住每个选择的契机，引导孩子经历每个思维过程，才会最终赋予他们这样的意识和能力。把孩子成长过程中所发生的一切，都当作“资源”去利用，一定会培养一个更加强大优秀的孩子。

问题 7：孩子不喜欢数学老师，就不愿意上数学课，该怎么办？

小常，男孩，五年级，不喜欢数学老师。于是，就在数学课上故意给老师捣蛋，老师多次请家长，小常自己还提出不想上数学课了。妈妈感到很头疼，就跟孩子讨论了“到底要不要上数学课的问题”。本来是想让孩子看到利弊，自己主动选择上学，结果没想到孩子还是做出了“不上数学课”的决定，弄得妈妈不知道该如何是好。

【问题解析】

这个案例中，妈妈本来是希望孩子去上学的，也知道不上数学课的后果很严重。但出于“尊重”的考虑，征求孩子的意见。一旦孩子的选择和家长心中既定的答案不一致，就不能接受了。所以我认为，既然家长不能接受，就不要在一开始以“尊重”的名义让孩子做这道选择题。这显然不是问题 6 中提出的“两难选择问题”，而是“该如何让孩子心甘情愿去上数学课”的问题。

界定了家长的问题，我们再来看，孩子为什么不愿意上数学课？小学阶段，孩子的心理发展依赖“权威认同”。他们从对父母的“认同”慢慢扩展，发展到对老师的“认同”。很多家长都说，上了小学后，老师的话就跟圣旨一样，家长说什么都不管用了。但由于孩子的思维方式还属于单一模式，喜欢老师才会喜欢他讲的课。所以，孩子认同老师和认同老师所讲的这门课程是画等号的。俗话说“亲其师而信其道”就是这个道理。在案例中，虽然我们不知道这个孩子和数学老师之间发生了什么，但现在看，他对数学老师是不认同的，连带反应，他也就不认同数学这门课程了。

很多家长因此感到焦虑，急着去解决老师的问题。要么去找老师谈，要么让孩子忍一忍老师，要么干脆转学等，都是试图在老师这个源头下功夫。有的时候有效，有的时候却没有作用。毕竟好老师不是我们想选就能选到的。

那么，如果不能如愿改变老师呢？如何在当下帮助孩子呢？其实，我们忽略了一个问题，数学老师这个人和他教的课根本就是两回事。如果家长也习惯性地把人和事当成一个整体，就陷入了“以偏概全”的思想：老师不好，说明他的一切都是坏的，包括讲的课程。但事实是，喜不喜欢老师是个人主观感情，但学不学老师教的知识，是作为学生的客观需求。主观感情可以理解，但客观需求是孩子上学的目标，关乎个人利益。作为家长要帮助孩子将这个问题拆分，看清楚它的两面性，才能减少孩子与老师斗争的能量损耗，将注意力集中在老师教授的知识内容上。如果因为不喜欢老师就不去上学，孩子不仅损失的是好心情，还会损失掉上学应得的知识和能力，这个代价就太大了。

对话演练

孩子： 妈妈，我不想去上数学课了。

妈妈： 是吗？妈妈想问问，你不想上学，是不喜欢数学老师，还是不想学数学知识？

孩子：我们数学老师讲课特别没意思，还经常骂我们。

妈妈：哦，原来你是不喜欢你们的数学老师呀！

孩子：是。我不喜欢他，所以，我就听不进去他的课，我真不想上数学课了。

妈妈：数学老师讲课没有意思，你不喜欢数学老师，妈妈特别能理解。那这位数学老师有没有把数学知识讲错呢？

孩子：那倒是没有。

妈妈：妈妈帮你梳理一下哈！你去上学，是去学知识的。如果老师恰巧是你喜欢的，那就更有福气了。如果老师不是你喜欢的，但只要他讲的知识没有错，你去学校就已经收获了自己所需要的。但如果因为不喜欢老师这个人，把自己需要的知识也丢弃不学了，那你可就吃亏了呢。

孩子：妈妈，那你的意思是，我喜不喜欢老师这个人，与我去学知识没有关系，是吗？

妈妈：不能说完全没有关系吧，但是在无法选择老师的情况下，我们要学会将老师的人和他讲的课拆分开，这样，才能让你得到最大的收获。如果一味地跟老师这个人较劲，不仅失去了让自己获得知识的机会，也有可能增加了老师对你的不良看法，影响师生关系，那你就更没有心思关注自己的学习了。这样，你就成为这件事的受害者了。

孩子：妈妈，我明白了。我是去学知识的。不过要是这么看，其实我们老师也没有那么不好。有时候是因为我专门给老师捣乱，让他也不想好好上课了。

妈妈：是啊，你能这么想就更好了。当老师特别关注学生的学习时，有时就会不经意伤害到学生。学生受到糟糕情绪控制，为了跟老师战斗，就会迁怒于学习。这其实都是不理智的行为。妈妈希望你能够在这些问题上理清思路，向自己真实的目标努力前进。

孩子：可是，有时候老师的做法确实让我不舒服，怎么办呢？

妈妈：产生这些情绪也是正常的。跟老师每天在一起，哪有事事顺心的。有了情绪，你可以自己体会和处理，也可以跟妈妈聊聊这些不如意。当你理解了这些情绪，也就能够更理智地做出行为了。

孩子：妈妈我懂了，谢谢妈妈。

孩子因为不喜欢老师就不想上学，家长应做到：

1. 理解孩子不喜欢老师的情绪。孩子在情绪状态下说的话，家长不要随意当真，先抱着倾听和接纳的态度表达对孩子情绪的理解。

2. 将老师这个人和他所教的知识拆分开来，将孩子的认知剥离开，帮他看到人和事是两回事。

3. 跟孩子梳理上学的目标，让孩子知道怎样做是对自己最有益的选择。

4. 鼓励孩子为目标前进。

一味地从问题外部找原因，并不是解决问题的根本之道。关键要理解自我情绪，梳理问题思路，从多个视角看待问题。“拆分”的思路可以把我们从“以偏概全”的负性思维中解救出来，避免出现“盲人摸象”的错误认知。

问题延伸

这里要特别注意的是，尽量回避与孩子评价老师，而要把关注点放在“孩子如何看待这件事”上。不是说老师做的一定是对的，但对老师行为的盲目评价会干扰孩子“权威认同”，对他的心理发展并没有好处。而且，即使我们否定了老师的行为，如果不能改变学习环境，尽快地调换老师，孩子带着更加强烈的情绪去上课，也不会有好的效果。因此，一般的矛盾冲突，环境不容易改变的情况下，转变思路，从自身的目标出发，拆分和区隔问题，让孩子做出对自己有价值的选择，这可能才是更有效的方法。

如果孩子能够主动避开与老师的冲突，专注于学习，老师就会减少对他的负面关注。这样，孩子就给自己争取到了让事情向好的方向发展的机会，他周围的环境也一定会变得越来越好。

问题 8：孩子上课回答错误被老师批评，从此不再举手了，该怎么办?

亮亮的妈妈反映说：亮亮今年三年级，有一次上课主动举手回答问题，结果说错了，老师当着全班同学的面批评了他。从此孩子就再也不举手回答问题了。家长知道这不是什么大问题，天天鼓励他举手，讲道理，让他理解老师“为他好”的苦心，但还是没有改变。

【问题解析】

从家长的叙述中看到，老师当着全班同学的面批评孩子，仿佛是造成孩子不举手回答问题的主要原因。但是，以我当过二十年老师的经验，在大班教学中，老师面对几十个学生，有时候的确很难顾及每个孩子的感受。如果我们要求老师必须照顾到每个孩子，因人而异的施教，这是很困难的。反过来说，如果孩子遇到一次问题心理就受伤了，以至于从此无法面对，这也说明孩子太缺乏内心的力量和应对挫折的能力了。

当孩子在全班面前被批评时，内心会升起一种被嘲笑的糟糕感受。这种感觉唤起了羞耻之心，让他感到无地自容。我们每个人都有过这种经历，那时那刻“真想找个地缝钻进去”。但过一会儿就好了，下次举手改过来就行了。这属于一般性的挫折，通常不会给人带来更深的伤害。

但是，亮亮却因此感到了强烈的言语伤害。如果做心理分析，很可能和他过往的成长经历有关。但我认为，过去发生了什么，并不是解决问题的关键。帮助亮亮重新理解情绪，寻找面对问题的新视角才是最重要的。

案例中说到，家长也在努力地给孩子讲道理，鼓励他举手发言，但收效甚微。这是因为，家长看似是鼓励，其实还是否定。本来孩子受挫，就体验到了深深的无助感。为了保护自己，做出了逃避的应激反应。这已经是他自己能实现的最有效的方式了。如果家长不能理解他的内心感受，不允许他用自己的方式面对，还一直鼓励他举手，这就仿佛在告诉他：“你真笨！你不举手的决定是错误的。”孩子本来就没有其他办法，现在唯一的方法也被否定，反而强化了他内心的“无能感”。

所以，家长首先要改变看待孩子行为的视角，不要强迫孩子改变行为，而是给予允许和接纳。孩子不愿意举手，就先不举手。以此来肯定他的这次决定，让他感觉到：“我的方法是可行的，我还是有办法的。”从而赋予他对自己的信任感和能力感。当被理解和重获能力感时，他极度痛苦的羞耻感才会减轻，理智脑才能慢慢恢复思考的功能。这时家长再给他一些新的视角，他才可能接受。

新的视角是什么？这件事的确糟糕，但有没有有利的方面呢？任何事情都是两面的。老师批评亮亮是因为问题答错了，在知识学习上，这个批评是值得反思和改进的。但亮亮的行为说明，他只是在逃避，却完全没有从事件中获得提升。家长需要在理解情绪的基础上，帮孩子从正反两个方面看待这件事，他才会在同一问题上有所改进，获得成功的体验。

对话演练

妈妈： 宝贝，老师说自从上次批评你后，你再也不举手回答问题了。是这样吗？

孩子： 妈妈……

妈妈： 妈妈知道，上次老师当着全班同学的面批评了你，让你感到很没面子。当众出丑的感觉谁都会觉得不舒服。

孩子： 可是，妈妈，我就是不敢举手了。

妈妈： 你觉得不举手是个不错的办法，那就按照你的想法做好了。

孩子： 真的可以吗？

妈妈：你看，妈妈这里有个中间空空的框架，还有一些大小不一的豆子。这些豆子就是让你不舒服的老师的批评，空框子代表你的内心。当这些批评毫无遮拦的进入你的内心，你当然会很难受了。如果这时还必须举手，那你一定会更加害怕和无助的。

孩子：妈妈，谢谢你理解我。可是，我不想是个空空的框子，让这些可怕的东西都进入我的心里。

妈妈：有办法的。妈妈这里还有一个有孔的筛板。把筛板放在空框上，再倒上豆子，看看会发生什么？

孩子：咦？小豆子漏进去了，大豆子被挡在外面了。

妈妈：那你觉得老师的什么语言被挡在外面？什么可以进入你的心里呢？

孩子：老师那种严厉的语气可以被挡在外面，我就当没听见；可我的确回答错了，老师说的正确答案还是需要进来的。

妈妈：唉，这个主意不错哦！下次你就在心里挡一块筛板，把那些不好听的语言挡在外面，不让它们干扰你；然后把老师说得对的语言漏进来，这些是对你有帮助的，不要浪费掉。

孩子：妈妈，有了这块筛板，我下次是不是就不会这么难受了？

妈妈：也不一定。在心里用好这块筛板，是需要不断练习的，慢慢地才能运用自如。有时候妈妈也用不好，不小心让各种豆子都进来，心里就会特别不舒服。下一次如果你再举手答错了，可以试着用一用。如果用不好，也没关系。你难受的时候，妈妈一定会陪着你度过的。

SEL 方法

当孩子被言语伤害的时候：

1. 允许和接纳。允许和接纳孩子用现有的方式来应对，不去随意否认孩子。

2. 实物演示。用筛板的实物演示心理过程，启发孩子理解主动筛选的心理机制。

3. 承认。虽然有了新方法，但也要承认，我们很多时候做不到。做不到的时候我们再重复这个觉察和反思的过程就好了。

遭到语言伤害是生活中太正常的事件了。家长允许孩子使用已有方法的同时，再提供具象化的“筛板”思路看待问题。一方面帮孩子获得了看待事件的新视角新方法，另一方面也让他从被动接受伤害，转为获得主动应对的勇气和信心。既不全盘接受，伤害自己，也可以从中获得对自己有益的建议。

问题延伸

家长也不要期待孩子一学就会，同样的问题还会重复。接纳、反思、讨论、强化，家长要反复去做。同时，作为家长的我们也需要觉察自己内心是否有这样一块筛板。当有人批评你的孩子没有教育好时，您是会和孩子一样，被羞耻感和无能感困扰，引发更大的情绪，还是会运用这块筛板筛选有益的信息，促进自己更好地教育孩子呢？

问题 9：孩子的作业写错被罚，孩子非说是妈妈没有检查，该怎么办？

有位家长叙述，他们家经常上演激烈的母子大戏。妈妈负责孩子的作业，她每天都会按项目逐一检查。特别是数学作业，哪道题做错了，都给孩子标出来，让他改错。最后还要尽心尽责的签上名字。这样，孩子的作业一直都是全对，老师也总夸孩子有个负责任的好妈妈。可是，昨天，孩子拿回一份有错的作业，哭着找妈妈算账，非说作业做错了被老师罚，怨妈妈没有认真检查，还让妈妈去给老师说明。妈妈觉得不是什么大事，可孩子就是不依不饶，妈妈的心里也真是委屈。

【问题解析】

这一场景在很多家庭都不陌生。尤其是刚上小学，家长一方面想让孩子获得自信，一方面也怕老师说自己是个不负责任的家长，就会特别认真地给孩子检查作业，并且保证全部正确。这样做的好处是，孩子在老师心里是个“好孩子”，家长是个“好家长”。但问题是，一旦形成常态，孩子就会把本该自己承担的作业责任彻底丢给家长，自己当个甩手掌柜：“反正做对做错都有妈妈检查，根本不用担心被批评。要是出现问题，就是妈妈的错，找她算账就好了！”

这就是妈妈委屈的原因。本来是想替孩子分担，却莫名其妙地把担子全都担在自己肩上，辛苦不说，出了错还是自己的错。孩子非但不懂得感激，还理所当然地享受其中。如果还被老师叫家长，责怪自己不负责，家长心里就更不平衡了。于是，家长反过来会和孩子理论："这明明是你的作业，你做不对凭什么怨我？自己的作业自己做，以后我再也不给你检查了！"

孩子是什么感觉？本来这担子从一开始就是妈妈在担，突然一下全部扔回给自己，小肩膀还没有学会担当，就要不得已艰难上路。不用说，肯定不会那么顺利呀！一旦自己做作业、自己检查，出错的几率就会增加，被批评的可能性就会加大。如果老师不了解真正原因，简单地认为是孩子的学习态度不好，学习成绩退步，就会让孩子承担更大的糟糕后果。

所以，这个问题的根本原因是，一开始家长就过度承担了保证作业质量的全部责任。于是有的家长说，那家长就不要帮孩子检查作业，一切让他自己来。孩子自己的作业自己做，出了问题自己承担，这也是在锻炼他自我承担的品质啊！

我认为，这样的想法又走向了另一个极端，家长又成了甩手掌柜。现在孩子上一年级，他们的作业和学习任务要比我们小时候大得多，老师对孩子的要求也更高了。但孩子们年龄小，能力弱，学前教育的差距也比较大。如果孩子在一开始就没有家长帮助，一个人小小的肩膀上担着如此重的担子，做不好总是落在同学后面，说不好还会被批评和嘲笑，根本体会不到上学带来的乐趣和成就感，那恐怕一年级就要厌学了。

那怎么办呢？我们从社会与情绪的多元化角度来思考，把这个责任分开，家长和孩子分别承担，这才是解决之道。我们可以和孩子就这件事划分责任，自己适当地承担责任。各行其是，各尽其责，让每个人看到自己的责任，主动承担，才能更有效地解决问题。

对话演练

孩子：妈妈，都怨你，昨天的作业有一道题你没有给我检查出来，得了个良。我都连续8次得优了，这下不能得10连贯了。

妈妈：你是不是觉得每次作业得优，心里就特别骄傲和自豪？

孩子：是的。尤其是老师每次给得优的同学贴小红花的时候，我可高兴呢！有一次全班只有5个同学得优，老师还特别表扬我们了呢！

妈妈：好啊！妈妈也为你高兴。妈妈这里有一张圆形的纸，我们把它当作“作业大饼”。假如你作业得优这件事就是这张饼，咱们想一想，是谁做出了努力让作业得了优呢？一边说，咱们一边来分分这张饼。

孩子：我觉得是我作业做得好。

妈妈：好，你自己用笔分一块饼。我觉得我也努力帮你检查了。发现有错的时候，我还监督你改过来。我要画两块。

孩子：我觉得我上课认真听讲了，有错还认真改错。再画两块。

妈妈：要说功劳，我觉得老师也有，她把知识给你讲了，你才会做。

孩子：对呀！妈妈，我发现，原来得优的作业，你、我还有老师都有功劳的。

妈妈：是啊！要想得优，我们每个人都要尽自己的职责，一个人有疏忽，就会出问题的。那这次你没有得优，我们也来再画一张饼，看看谁可能没有承担好自己的责任。这次我先说，妈妈检查作业有些疏忽，没有看到这个错误，我需要承担一份。

孩子：妈妈，其实还有我。我做作业也没有太仔细，要是第一次就做对了就好了。我也画一份。不过，我觉得这次没有老师的责任，老师讲得挺清楚的。

妈妈：行，那这次出错，咱俩各自承担。如果下次不想再出错，你和我可以做些什么改进呢？

孩子：我要仔细做好每道题。对，自己先检查一遍。

妈妈：好，我也认真帮你检查一遍。不过，为了避免眼花，我检查完，还想邀请你自己再检查一次。这样就更保险了，可以吗？

孩子：这个主意好。可是，妈妈，万一我们这么认真了，还是会出错，怎么办呢？

妈妈：万事没有十全十美的，出错也是非常正常的。下次出错我们还这样进行反思，分分责任的饼。慢慢地，错误一定会越来越少，你的自我检查能力也会越来越高的。

遇到比较复杂的问题时：

1. 理解心情。妈妈首先要理解孩子得不到优的挫败感，这是正常的一种情绪。

2. 分分责任的饼。不管是好事还是坏事，都可以跟孩子一起讨论“如何划分责任”。好事各领功劳，坏事各领责任。

3. 反思行为。如果是好事，就反思如何坚持下去；如果是坏事，就讨论如何避免。

4. 接受不完美。让孩子知道，即使我们各自承担，各自努力，结果依然有可能是不完美的。只要我们不断反思，就能够向着完美再迈进一步。

承担责任并不是只有糟糕的结果才需要做的，我们做得好的地方也可以用“责任的饼”分一分，进行反思和总结。当妈妈和孩子看到自己的功劳时，会产生一种骄傲和自豪的感觉。之后，再将思路迁移到问题上，过渡会更加自然，孩子本来糟糕的情绪被骄傲的情绪所代替，更容易激发他的自我反思。而且“责任的饼”不需要平均分，每个人到底该占百分之多少也不是重点，重点是妈妈和孩子都从自己的角度反思，找到自己的责任去承担。孩子小，只要他愿意分给自己一小块，主动承担的种子就埋在心里了。

问题延伸

就检查作业这件事而言，低年级的学生家长一定要给予陪伴和支持，家长应该承担的部分要略大于孩子。随着孩子年级升高，能力增强，家长也要慢慢把责任转移给孩子自己来担。到了五六年级，建议家长就不要再给孩子检查作业了。但这也不等于家长可以不用负责了。家长需要承担的是陪伴、鼓励和督促的责任。

问题10：孩子不想上学让家长请假，家长该怎么办?

一位家长打来电话，说他的孩子不想上学，哭着喊着让家长请假。家长觉得这也太离谱了，才上二年级就厌学了，这可怎么是好? 以后难道就彻底待在家里了吗? 为这事，家长急得团团转，真是一点办法都没有了。一直抱怨：这孩子怎么就这么不自觉呢?

【问题解析】

从案例中，我感到孩子表达“不想上学”引发了家长极大的焦虑，因为孩子的这个想法，家长已经认定他是“厌学”了，并且担心未来一直不上学可怎么办?

我们特别理解家长的“焦虑”和“着急”，但也可以思考一个问题：孩子这次想请假就说明以后再也不上学，这是既定的事实吗？所以说，家长的焦虑有可能是通过对糟糕结局的想象引发的。因为这个家长对自己想象的结果深信不疑，反而忘记了关注的事实到底是什么。通常情况下，二年级的孩子说不想上学，可能的几个原因：一是心情不好，用“不想上学”表达情绪；二是在学校发生了什么事情，让孩子感到害怕，用“不想上学”进行逃避；三是学习压力大，只想休息休息。

七八岁的孩子大脑皮层尚未发育完善，对厌学、辍学基本还没有概念。而且孩子年龄小，对父母、师长的权威还很依赖，他们是否喜欢上学，主要由父母和师长是否关注自己来决定。被关注和认可的孩子通常会特别喜欢学习，发展出勤奋的品质；反之，则不喜欢学习。因此，这种“不想上学”的想法，大多是由于情绪引起的牢骚，他们此时更需要的是得到父母的理解，陪伴他们度过充满艰辛的学习时光。但基本不会像青春期孩子那样，真正做出辍学的选择。

换句话说，“不想上学”是孩子给家长和老师发出的“报警信号”，他们在表达内心的声音：“请家长能够感受到我上学的辛苦，陪我一起‘并肩战斗’。”这种表达比较隐蔽，家长很难识别，反而会被表面现象干扰。

如果家长此时不是站在理解情绪的角度，而是带着万分焦虑劝导孩子去上学，或者给他讲一大堆道理，孩子会越发得不到他想要的理解，而且还发现，只要说“不想上学”就能让家长害怕。慢慢地，可能还会发展出“利用不上学威胁家长”的错误行为。到了青春期，那些逃学、离家出走的孩子，有可能就经历了这个过程，最后把闹情绪真的变成了现实。

其实，孩子虽然小，但他又怎能不知道上学的重要性呢？因为对父母、师长的权威崇拜，大多数孩子不敢真的辍学。要想让他去上学，接纳他“不想上学”的想法反而是比较好的办法。有个成语叫作“欲擒故纵”，就是这个意思。作为家长，我们接纳他的这种情绪和想法，和他一起讨论不上学这件事，甚至可以与孩子真的体验不上学的感觉。

有人会存怀疑的态度：有了第一次不上学的体验，会不会还有第二次，甚至更多？这就要看我们是否愿意选择相信孩子了。如果家长的心里不相信孩子只是请一次假休息休息，认定他一定朝着坏的方向发展，那么这可能就成为“妈妈的咒语”，孩子就真的会成为那个妈妈期待的“不上学的坏孩子”了。

所以，最重要的是家长相信孩子，相信现实不一定如同我们想象的那么可怕。一次不上学不等于次次不上学。如果家长真的可以帮孩子请一次假，休息休息，再陪着他体验一下一个人在家的负向后果，比如：一个人在家学习，还有补不完的作业，没有小朋友一起玩等。这些并不是他真实想要的，于是，权衡利弊，上学可能就是他接下来的选择了。

对话演练

孩子：妈妈，我不想去上学，我讨厌上学。

妈妈：是嘛！那你讨厌上学的情绪到底有多大呀？

孩子：像地球一样大！妈妈，求求你了，我明天不想去上学，能不能在家里待一天呀，就一天。

妈妈：嗯嗯，上学和妈妈上班一样，天天上班，就会感到痛苦。那你说说，不上学在家有什么好处啊！

孩子：我觉得不上学在家可以玩，没有老师批评，还能……想睡多久睡多久。

妈妈：好，看来你觉得不上学是件很幸福的事喽！不过，妈妈也要提醒你，我们不去上学并不等于不学习，在学校老师要讲的内容，你需要全部学会，晚上妈妈回来会考试的；老师布置的作业也要全部补上，明天去的时候要交给老师；哦，对了，如果不上学只有你一个人在家，爸爸妈妈上班不能陪你，其他同学也不可能和你一起玩，你可不要寂寞哦！

孩子： 那我不上学也没有什么好处啊！

妈妈： 所以什么事情没有绝对的好处，妈妈提醒你，希望你想好再决定要不要去上学。如果你真的决定明天留在家里，妈妈就帮你请假，不过我得实事求是告诉老师，不能帮你编瞎话。

孩子： 好吧，妈妈，那我还是去上学吧。

妈妈： 那好呀，妈妈送你去上学！希望你明天有愉快的一天。

孩子不想上学，家长可以这样做：

1. 理解情绪。让孩子感到这样表达想法是被允许的，避免孩子压抑情绪。如果孩子故作很喜欢上学，时间长了，这些宣泄不掉的情绪就会对身体产生危害。

2. 表达边界。家长也不要因为理解孩子，就放任不管。要给孩子明确自己的底线，即：不去上学不等于不学习，该做的事情不可以落下。家长也不可能因为陪着孩子在家而放弃上班。这让孩子感到不去上学的决定也不是最幸福的。

孩子的情绪就像山洪暴发，硬逼他上学，即使到了学校也会找机会发泄，不能专注于学习。正确的方法是：一边给孩子疏通的出口，一边又不任由他宣泄，划定边界。该体验的要让孩子去体验，在体验中才能有所感悟。

问题延伸

值得注意的是，妈妈在和孩子谈话的时候，也要保持情绪平稳。

以温和而坚定的口吻和孩子探讨，也是很关键的。千万不要带着威胁的口气谈论后果，比如：你不上学小心老师收拾你！这样的谈话是无效的，孩子非但感觉不到家长的爱，更容易激发叛逆的情绪。同样，家长也要克服自己的焦虑，拥有对现实的评估能力，相信孩子，陪伴他丰富生活经历。

第四章　社会与情绪技能
——培养自信自律的小学生

本章我们谈谈培养孩子意志品质的问题。随着升入小学，学校和家长对孩子意志品质的要求逐渐升级。他们希望孩子个个都成为热爱学习、自信阳光、自觉自律、勤奋认真的好学生。带着这样的期待，老师和家长用审视的眼光看待孩子的一言一行，甚至不允许他们出现一点瑕疵。不断被教育的孩子们，在偌大的压力下经历着学习生活，每天都在努力，却仿佛距离成人的要求越来越远。到底如何引导孩子们向着期待的方向成长呢？如何能真正培养他们自信自律的意志品质呢？我们还是要走进孩子的内心深处去探索。

个体心理学理论的创建者阿德勒认为，人生来就是自卑的。因为自卑，他们感到渺小，谦虚谨慎；因为自卑，他们要学习本领，适应环境；因为自卑，他们要与同伴合作，共同进步。正是这小小的自卑，推动着个体从自我走向社会的发展；也正是这小小的自卑，让一个人拥有不断超越自己的勇气。从字面意义看，自卑是自信的对立面，但在心理层面，它又是自信的动力和基础。一个敢于承认自卑又不断超越自卑的人，才是真正自信的人。

孩子是弱小的，他们的内心本就充满着自卑。他们渴望来自成人世界心与心的连接和鼓励，并且获得强大的能力感，进而冲破束缚，勇敢的追求精彩的人生。这样，那个期待中的自信的孩子就诞生了。

反之，不自信的孩子则因为自卑心理，过度受到压制，要么懦弱退缩，要么刻意追求完美。这两种行为都是不健康的自卑情结或者错误的优越感带来的过度补偿行为。

因此，自信不在于表现得昂首挺胸，也不一定必须在人前展示，它是一种内心的力量，是对自己不完美的接纳和不断学习与试错的勇气。自信的品质是健康人格的一部分，需要家长从“心”开始。

说完自信，我们再说说自律。“自律”与“他律”是相对的，区别在于作用于人的驱力不同。“他律”的驱力来自外部，主要依靠他人的评价、现实的结果等驱使，一旦这些力量消失，个体就失去了行为的动力，做什么都感受不到意义和价值；“自律”的驱力则来自内部，通常不受外界环境和因素的干扰。个体不会简单的因为他人的不良评价，就丧失信心而停止行动。因此，自律的人内心是自信的，他们相信自己的能力，在任何事情中都能找到意义感。他们也建立了内心的自我约束机制，审时度势，做出适应环境的行为，促进社会与自我协调统一。

如何培养孩子自律的意志品质呢？从孩子的心理发展特点看，越小的孩子越不具有自律的能力。他们从两三岁开始学习遵守家庭、幼儿园的规则，通常需要家长和老师的“他律”来约束。但持续严格的“他律”却不能保证孩子未来发展出“自律”；反之，如果“他律”的力量过大，家长老师设定了非常严格的制度强迫孩子遵守，又忽视他们的自主性，这样反而会使孩子形成对立情绪，对规则产生逆反心理。

自律的形成，除了要尊重孩子自主性的发展，更重要的是在成长过程中，培养和训练孩子评估、实践、反思和自我调节的能力。

拥有这些能力和方法，才拥有了自律的资本。就好比上战场的新兵，要想未来自己杀敌，就必须获得精锐的武器和作战的头脑。这需要老兵带领着不断练习，并从实战中总结经验。直到有一天，新兵可以脱离老兵独立作战了，训练才算成功。如果新兵从来不被训练，战斗时一直依靠老兵手把手地指教，不仅会失去自主战斗的动力，也根本无法习得独立作战的能力。一旦老兵不在身边，他就无法继续战斗了。

因此，孩子成长的路上离不开他律，但他律的意义在于训练过程而非只在于结果。在“他律”的过程中，老师、家长要通过正确的教育方法，给孩子自己选择和反思学习的机会，在经历中总结，在错误中反思。也许，很多事情都完成得不够完美，但孩子获得的经验却是通往自律的必经之路。这个过程是漫长的，艰难的，特别在失败的时候，家长还要给予孩子更多的认可和鼓励。最终，孩子才能从他律逐渐走向自律。

接下来，我们将通过 5 个常见的家庭问题，尝试分析孩子不自信和不自律可能的原因，并根据不同情况，帮家长学习到具体有效的方法应对。一方面引导孩子的内心向着自信的方向发展，另一方面则从培养自我反思、自我调节的角度入手，赋予孩子形成自律的能力与品质。

问题 11：孩子总是认为自己没有优点，怎样能让孩子自信起来？

在孩子的群体中，有一部分孩子总是感到很不自信。你问他的优点是什么？他就会摇摇头说："不知道。"甚至在班级里，这些孩子不敢跟他人对视交流，说话总是低着头，什么都觉得自己做得不好。一位老师询问："这样的孩子，怎样帮他找到自信呢？"

【问题解析】

我曾经在学校当了二十年的老师，看到每个班级都有这样的孩子，很显然他们是自卑的。这样的人有两个极端的表现：一方面极其胆小，不敢表达，另一方面追求优秀，过度表现。追求优秀、过度表现的人经常不懂装懂，总是需要不断证明自己的完美，弥补内心的自卑感。这节内容暂且不讨论这种情况，主要分析前者——胆小不敢表达的现象。

面对不敢表达，遇事就往后退的孩子，很多家长也非常着急。为了帮他们树立自信心，家长给他们报名学习各种特长，参加各种表演比赛。老师也会经常让他们在班级里展示自己，希望可以锻炼孩子，获得自信。他们简单地认为自信的人就是爱表现的人，只要能在众人面前表现自己，内心就自信了。

我认为，这样的认知是片面的。成人的这些做法只是关注了自信的外在表现形式。但有的人默默无闻，踏实做事，也同样很自信。一位朋友的孩子，小提琴拉得非常好。新年联欢报节目，孩子对妈妈说："妈妈，我今年不准备报名拉小提琴，我想做一名观众，好好欣赏节目。"妈妈虽然特别希望孩子去展现自己，但看到孩子坚定的眼神，也就同意了。这个孩子选择了不表现自己，但也是自信的。所以，自信和是否愿意在众人面前表现自己没有直接关系。如果成人长此以往只关注外在形式上的自信，孩子可能会强打着精神，装出"自信"的样子。没有解决内心力量的问题，外表包装得越自信，孩子的内心越会走向自卑。

喜欢评判孩子的家长，也会造成孩子的不自信。孩子做任何事情时，家长不关注他的情绪，不了解他的真实想法，而是简单地评价对错、好坏。家长认为对的事情大多一带而过，遇到做错的事情，就上纲上线，好好教育一番，这也是导致孩子自卑的主要原因。因为，从家长的回应中，孩子更多感受到的是"我错了"，他并没有从家长的评价中发现自己的优点和长处。

追求完美的家长也会造成自卑的孩子。有的家长嘴上永远挂着"别人家的孩子"，孩子无论做什么，家长都要说："你看谁谁家的孩子，你要向人家学习学习。"孩子拿回成绩，家长第一句话就会问："比你成绩高的同学有哪几个？"这样，有了"别人家的孩子"做比较，孩子似乎永远都看不到自己的优势，当然会倍感自卑。家长会说："我只是想激励孩子，他努力追上人家不就有自信了吗？"但事实上，很多家长同时用多个"别人家孩子"来比较自己家一个孩子。以一当百，自家孩子如何能比得过呢？

事实上，将眼光放开观察孩子，哪个孩子没有自己的优势和特点呢？就好像每个孩子都有一个“藏宝兜”，里面一定有属于自己的各种能力和特点。因为长期被要求、被否定和被比较，他们不认为自己拥有宝贝，更看不清什么可以帮助自己找到自信。如果家长能够从关注外部回到关注孩子的内在，立足于帮助孩子找到“藏宝兜”里的“宝贝”，那么孩子就会慢慢找回自信。

这里要提醒家长的是，很多自信不是一定要看得到的，内心相信自己才是最重要的。在生活中，孩子不愿意展示、表演或表达，不需要强求，这只是因为他们不善于外在表现。你是否相信他，才是孩子获得自信的基础。

而且，除了特别容易看到的显性优点，孩子还有很多隐性的品质值得发现。比如：案例中老师问孩子优点是什么？孩子吞吞吐吐地回答“不知道”。看起来这是缺点。但仔细想想，孩子敢于把自己真实的胆怯表达出来，不知道就是不知道，这本身就是一种勇气啊！如果老师抓住这一点，鼓励他说：“你敢于承认自己不知道，真实面对自己，就是你的优点啊！”这种看见和认可，会给孩子自卑的心理注入一股清泉，孩子的内心一定会感到有力量。

上一章我们说到了多元化的思维模型，家长在自信问题上，也要用动态和发展的眼光来看。绝对不是孩子什么都好才自信，自信的状态本身就是一种动态的过程，从不会到慢慢学会，从做不到，到主动尝试，这就是一种自信。

老师：Judy，你能说说自己的优点是什么吗？

学生：老师，我没有优点。

老师： 想一想，平时你做什么感觉特别好？

学生： 老师，我什么事也做不好。

老师： 我明白了，你觉得自己什么事都做不好，没有优点。当能够承认这一点时，我已经发现了你的一个优点，就是敢于承认自己是不好的。

学生： 老师，这也是优点吗？

老师： 每个人都有一个“藏宝兜”，在这个兜里，有一些一眼就能看到的本领，比如唱歌，学习，画画等，但也有一些很难被发现的优点，比如：承认自己不足，愿意表达真实感受和想法，还有，老师跟你聊天的内容，你都在用心听……这些都是要仔细观察才能发现的。在我们的课堂上，老师和同学会与你一起学习，帮助你发现自己“藏宝兜”里的宝贝。同学们，你们觉得Judy的身上还有哪些优点呢？

学生： 老师，同学们虽然说了好几个我的优点，可是，我还是比不上他们……

老师： 每个人的“藏宝兜”里不可能什么都没有，也不可能什么都有，包括很多伟大的人，他的“藏宝兜”也不是满满的。只要我们知道自己有什么，没有什么，并且还愿意继续学习，让那些不擅长的变得慢慢擅长起来，这本身就是一种自信的状态（图4–1）。

图4–1 真正自信的人

学生： 老师我明白了，同学们有的，我不一定有，但我有的，同学们也不一定有。只要我一直往“藏宝兜”里装宝贝，就会自信，是吗？

老师： 是啊！我们一起学习社会与情绪课程，也是在往“藏宝兜”里装宝贝呢！希望大家都能拥有更多解决问题的本领！

对自信的理解：

1. 有些优点是显而易见的，有些则是隐藏不容易发现的。真实面对自己的自卑，本身就是一种优点。

2. 自信的人不是因为什么都好，而是他们可以看得见自己好的地方。如果细心观察和体验，一定能发现自己的优势。

3. 每个人的“藏宝兜”都是一半有宝，一半没宝的状态，只要肯不断学习填充自己的“藏宝兜”，就是自信的！

认为自己什么都没有的人是自卑，以为自己什么都有的人，则是自负。两个极端的认知都是片面的，不可取的。接纳自己的没有，相信自己一定还有很多，并且不断通过学习而获得新的能力，这才是真正的自信。

问题延伸

其实，有很多家长对自己的教育也是不自信的。他们不能坚信自己的教育方式，就需要让孩子不断地表现出好的一面，以帮助自己获得安慰。一旦孩子表现不好，内心就升起一句潜台词：我的孩子不好，说明我是个不好的家长。这种不自信的感觉，会让家长陷入糟糕的情绪中，进而投射给孩子。所以说，要想让孩子自信，家长首先要相信自己教育的初心。当然，作为家长也要清楚，没有哪个人是完美的，我们在教育上也会犯很多错误。接纳自己的不完美状态就是一种自信的表现。如果还能够在原有基础上不断学习新的教育理念，丰富已有的教育方法，那就是更加自信的状态了。欢迎更多的家长能以自信的心态加入到社会与情绪学习的队伍中来。

问题 12：孩子不能接受别人比自己强，该怎么办?

盈盈，小学四年级，大队长，就是人人羡慕的“别人家的孩子”，不管是学习、工作能力还是唱歌跳舞画画手工，那都是一等一的优秀，走到哪里都被夸。大家都以为这样的孩子不会有任何问题，可她妈妈却很发愁。盈盈坚决不允许别人比自己强。只要有人超过自己，情绪就特别低落，不是找对方的毛病，就是干脆逃避。甚至有一次，孩子主持出的板报没有评上一等奖，她哭着闹着说要辞掉大队长的职务。

【问题解析】

案例中的孩子在身边也很多见。他们从小一直是样样优秀的好学生，一旦发现还有更优秀的人或者自己没有把事做完美，就会产生深深的挫败感。网络上曾经流传的一个案例很典型：一位教师的女儿，一路成长都特别优秀，重点小学、重点中学、重点高中、大学，当最后完成了出国留学的终极目标时，给妈妈写了一封遗书，从楼上跳了下来。

这样的惨剧经常被报道。据调查统计，在大学生中，特别是“985”“211”大学院校，因为不能接受别人更优秀而患上心理疾病的案例特别多。难道在这些孩子的心里，自己永远都只能是第一吗？这些优秀孩子的心理为什么会如此脆弱？

在认知心理学理论中，有一个概念叫作“自动化思维”。当一个人形成了负性的自动化思维，就会被这种思维影响情绪和行为。比如：在孩子小时候，家长总是要求孩子做事认真、完美，在行为结果上给以高标准，一旦不能达标或者出错，就会得到超出孩子承受能力的批评和惩罚。长此以往，孩子就容易形成一种负向的自动化思维——“只有完美才能得到认可，一旦出错就证明我很无能”。因此，一旦有人更优秀或者自己做得不够完美，这种自动化思维就会激发起孩子的挫败、无能、恐惧等痛苦感受，进而导致他们做出极端的行为。

还有一些家长很困惑，他们一直表扬和鼓励孩子、并没有批评他们，为什么孩子也会追求完美呢？我们来听听这些家长的鼓励：“你做得挺好，但我确信你可以做得更好！”“哎呀，考了99分呀！如果这一分也不丢该多好呀！”“这次老师说你上课认真听讲了，但可不能松懈啊，要再努力一点就更好了。”这些话语表面是鼓励，但字里行间却传递给孩子“你不够好”的信息。甚至有的家长对自己要求很高，样样都必须比孩子出色，希望成为他的榜样……这其实都可能加剧孩子追求完美的想法。

这种绝对化的负性思维决定了孩子只有两个极端的情绪和行为，要么是完美，情绪高涨信心满满；要么是失败，瞬间变成一无是处的失败者，情绪低落到极致。或者说，在他们的眼中只有黑和白，却没有中间的灰色地带。他们感觉自己是一朵圣洁无瑕的白莲花，而打败他们只需要一粒小小的尘埃。

有些孩子无法承受不完美的现实，逃避成为他们的选择。案例中的盈盈就是这样。她选择辞去大队长的职务，也许可以给自己一个合理化的解释："其实不是我不好，而是我不屑做这件事。只要我去做，肯定能做好。"以此避免那种失败后的痛苦感受。有些孩子会选择永远走在追求完美的路上，但越是成功，越对自己不满意，越努力，越感觉全世界都成了自己的敌人。

这正是负向自动化思维带来的负面影响。怎样克服这种完美主义带来的问题呢？认知心理学家艾利斯提出过"合理情绪疗法"，也称ABC理论。A代表事件，B代表想法，也就是前面提到的自动化思维，C代表情绪和行为。由于事件A是外部环境，我们很难控制和改变，因此，调整情绪和行为的主要方法是改变想法B。如果能够帮助孩子改变他的负向思维，就能够调整情绪和行为了。

对话演练

妈妈：宝贝，妈妈看到你很沮丧，是发生了什么事情吗？

孩子：我不想当大队长了，明天就去找老师辞职。

妈妈：你已经想好了吗？是什么事情让你做了这个决定？

孩子：我们班出的板报在比赛中没有得第一。

妈妈：板报没有得第一与你辞职有什么关系呢？

孩子：这次板报是我主持出的，我没有出好板报，我不辞职谁辞职？

妈妈：那你觉得没有出好板报，就意味着你不是称职的大队长，是吗？

孩子：是啊！连这点事都做不好，还配当大队长吗？

妈妈：你认为称职的大队长除了出板报以外，还需要做些什么呢？

孩子：当然还有很多呀，比如组织全校的升旗仪式，培训少先队员，协助辅导员工作，等等。

妈妈：那你觉得这些事你做得怎么样？

孩子：我做得很不错呀。每次的升旗仪式都有新意，培训少先队员的PPT都是我自己做的，辅导员老师也经常夸我是她的得力助手呢！

妈妈：哦，这样啊！如果称职的大队长只需要做板报策划、升旗仪式、培训少先队员和协助辅导员老师这4件事，你觉得你做好了几件？

孩子：3件都不错。

妈妈：嗯嗯，也就是大部分都是好的。只一件事没做好，就说明你不称职了吗？

孩子：好像也不能吧。

妈妈：是呀，宝贝。没有谁可以最完美，时时处处都是第一的。做好四分之三就算称职啦。况且在妈妈心里，事情永远不如人重要。只要你是我的女儿，就比任何人都优秀。

孩子：谢谢妈妈的鼓励。我还是不能辞职的，因为我还有好多事可以做得很好的。

孩子不够优秀感到挫败，家长可以这样做：

1. 表达对孩子情绪的理解。任何情绪都需要先被接纳，才有可能调整和改变。

2. 尝试询问孩子对事情的理解，倾听他的真实想法。

3. 启发孩子思考："事情真如你想的这样吗？""还有什么可能呢？"依次拓宽孩子的视角，改变绝对化的自动思维。

4. 告诉孩子，无论他做什么，都是家长心里最优秀的。

这种跟孩子谈话的方式是"是的……同时……"句式，是沟通中重要的社会与情绪技能。先用"是的"接住孩子的情绪和想法，再用"同时"启发或者表达家长自己的新想法。比如："我明白你的挫败和失望，你想辞掉大队长的职务，那么，有谁是每件事都做得很完美的？你知道这样一个人吗？"千万不要用"但是"来转折，否则孩子依然会感觉到"自己不够好"。

问题延伸

孩子的思维发展还在成长过程中，这样绝对化的负性自动化思维并不牢固，如果家长不仅洞察到孩子的情绪，还能找到引发情绪的自动思维，并适时地进行引导和调整，孩子的思维就会变得灵活多元。反之，如果家长不洞察和调整孩子的负性思维，反而使用不当方式反复强化，那么孩子就会逐渐加固负性思维方式，长大后容易形成心理问题。

问题 13：孩子犯了错死活不承认，这到底是什么原因？

一位家长很苦恼她的两个孩子，老大是姐姐，9 岁了，每次遇到错误都死扛着，就是不承认。比如有一次班主任老师说她上课说话，妈妈回家询问，可她一口咬定没有说，无论怎么问都不承认；老二也是如此，眼看着他把豆子撒了一地，可就说不是他干的。这位家长特别困惑，孩子为什么会犯了错误死活不承认呢？

【问题解析】

这个问题特别普遍，别说小孩子了，就是一些大人犯了错，也不愿意承认，总是找一些理由来解释。比如年轻人约会迟到了，就会说：“哎呀，是路上堵车太严重啦！”工作没有及时做完，会说：“是老板安排工作太晚了。”家长明明给孩子讲错了一道题，却故作镇定地说：“妈妈是专门讲错的，检查你是不是能发现。”

其实，犯错是每个人成长道路上必须经历的。可以说，不犯错，人就长不大。在好奇心的驱使下，每个人不断探索着新鲜的事物，体验着新的感受。遇到挫折和困难，人的大脑会先筛选出已有的成功经验，去尝试解决。如果成功了，这次成功经验将继续被强化和复制；反之，如果失败了，则可以反思问题，修正行为，学习和创造新的经验和认知。举个例子，做一道比较难的数学题，我们肯定要先用已有的知识和思路来思考。如果做对了，就证明我们已有的知识和思路是可行的，以后再遇到这样的问题，就可以继续使用；但如果做错了，则说明已有的知识已经不足以完成这个挑战了。于是，就会向他人学习或者再换一种思路探索。如果经过思考和努力，解决了这个问题，我们就较原来增加了一个新思路，也就变得更聪明了。

因此，成功可以验证已有经验是否可行，失败或错误的意义则是激发探索新的经验，促进成长。“失败是成功之母”就是这个道理。如果每个人都不犯错误，也就意味着他只能在自己的已有经验中打转。大到科学家一次次实验失败推动了科技的进步，小到一个孩子学步时的无数个跟头，都说明错误对于人类发展的重要意义。没有错误，就没有个人和社会的进步。

这么看起来，犯错是好事，但为什么很多人不承认自己的错误呢？原因很简单，就是因为他们并没有看到错误对于自己的意义和价值，只是凭感觉，被错误带来的糟糕感受吓到了。举个例子，如果在一件雪白的T恤上有一块大大的墨迹，我们该怎么办？可能有两种不同的反应：一些人感觉“太脏了”，怎么看怎么难受，他认为好好的T恤就这么被毁了，因此会非常生气，厌恶，想把那个黑点去掉，或者干脆扔掉T恤；还有一些人，他们可能感觉这个墨迹是一只大熊猫的眼睛，于是就用墨汁画上了另一只眼睛，一件画有熊猫的T恤为人增添了活力，非常漂亮。

这个例子让我们意识到，墨迹代表的错误是无法避免的，但怎样看待错误直接影响着能否承认错误。如果从心里认为错误是个坏东西，只记得它带给自己的痛苦，那么你就会讨厌它，不接纳它；如果看到错误可利用的意义和价值，就会欣然接受它，并且从错误中反思和成长。这就是问题 12 中讲到的“ABC 合理情绪理论”，错误本身不可怕，可怕的是看待错误的想法。如果我们能够改变看待错误的“错误认知”，就能够轻松和勇敢地承认错误。

为什么会形成对错误的“错误认知”呢？简单总结一下：第一，不愿意接纳犯错后产生的痛苦情绪。每个人做错事，都会伴随产生害怕、内疚、难过等负面情绪，因为讨厌负面情绪，所以讨厌犯错。第二，无法接受犯错后他人给予的反馈。很多孩子在犯错后，会遭到成人的指责和批评，这种反馈会让孩子感到自己是不被喜欢的，一旦这种感觉夯实在心里，哪怕长大了，也依然无法接受犯错的事实。第三，成人给孩子制造了“从不犯错”的假象。很多家长和老师在与孩子互动的过程中，会故意隐瞒自己的错误。这给孩子制造了假象——只有做到完美才是好的。为了维护“好孩子”的形象，孩子坚决不愿意承认错误。第四，道德教育过分强调了好坏、对错。孩子犯错后如果总被上纲上线地教育一番，总是被贴上“撒谎”“厌学”“偷盗”等负面标签，他们小小的心灵是无法承担的。

成人期望孩子能够成为自律自信的孩子，但却不经意间指引他们走向了错误的方向。要想帮助孩子改变对错误的看法，首先家长要接纳孩子的错误，并且适当地引导孩子从积极的层面看待错误。

妈妈：宝贝，今天老师打电话给妈妈了。

孩子：妈妈，我上课没说话，是同桌跟我说的。

妈妈：妈妈还没说话呢，你就这么着急。是不是觉得自己做错了事，心里很害怕呀？

孩子： 我没做错事。

妈妈： 嗯嗯，妈妈知道。你心里想到了什么让你这么害怕呢？

孩子： 我害怕你说我，害怕你觉得我不好，万一你还要打我怎么办？

妈妈： 哦，那看来是妈妈以前的做法有问题，让你觉得犯错是件坏事，所以才不敢承认是吗？妈妈也学习了，咱们今天换个视角来看看这件事可以吗？我们来想想，如果犯错是件好事，你觉得可以吗？

孩子： 犯错怎么是好事啊？每次同学犯错，老师都会跟家长告状，家长还会批评他。

妈妈： 是，犯错后有时会得到惩罚，这让你觉得犯错是坏事。但事实上，妈妈、老师、你和身边所有人，每个人都会犯错。你看妈妈在地上画个小圈，不犯错的人就像圈中的蚂蚁，只会在原地打转，没办法突破自己，永远循规蹈矩！犯错的人，在冲出小圈的过程中总结经验，活动范围更大，看到更多风景，这样就比圈里的蚂蚁更优秀了。

孩子： 怎么是这样呢？我原来一直以为犯了错就是不优秀的。

妈妈： 是，犯了错，如果只想着逃避而不反思，不会总结经验的人，就会越来越糟糕；但聪明的人会从错误中学习，找到不再犯错的办法，这样的人会越来越优秀。

孩子： 妈妈，我明白了，我要做聪明的人。今天上课我的确说话了，下次要是同桌再跟我说话，我就不看他，这样就不会受他影响了。

妈妈： 妈妈就知道你是个聪明的孩子，找到了一个避免下次再犯错的好办法。你试试看，如果不好用，我们还可以再继续讨论，找到更多新的办法。

孩子：好的妈妈，以后我再犯错误还和您一起讨论。

应对错误的五个锦囊妙计：

1. 理解情绪。当孩子处在犯错的情绪中时，不可以贸然的用言语来教育他，这样会激发抵触情绪。

2. 了解想法。孩子产生糟糕的情绪，是因为内心有一种负性的想法引发的。家长需要先探索他内心的错误想法是什么，才可能有针对性地调整。

3. 承认自己也会犯错。家长作为孩子心中的崇拜权威，敢于承认错误，才能给孩子做好示范。

4. 重构新的认知。当做好前面几个步骤后，孩子的情绪平复下来了，也就更愿意听取家长的建议了，这时才可以帮助孩子建立对错误的新认知。

5. 从错误中学习。有了对错误的积极认知，才能唤起孩子从错误中学习的主动性，这个错误就会成为孩子成长的机会，发挥积极的作用了。

一旦看到错误对自己的意义和价值，孩子就更容易承认错误了，而且他们还会感到心中有了力量感。这样，就从对错误的负性认知中走出来，从积极的方面去利用错误。特别注意的是前两个步骤，犯错后一定会产生痛苦的感受和想法，家长必须先看到这一点。孩子感受到被接纳和理解，才能恢复理性，参与后面对错误的讨论和重新解读。

问题延伸

在教育孩子的道路上，每个家长也不是十全十美的。家长不要太过于担心，育儿路上犯一些错误不仅不会影响孩子的心理健康，反而可以锻炼孩子的抗挫能力。关键是家长也要勇于承认自己育儿过程中的错误，并从中反思和学习。这样能够让您拥有更大的动力去学习。同时，孩子也能从您身上学到积极面对错误的态度和方法。

问题 14：孩子咳嗽还想吃冰激凌，家长该如何拒绝呢？

六岁的浩浩平时爱吃冰激凌。春天干燥，孩子一直咳嗽不好，妈妈担心他吃了冰激凌，咳嗽会加重，不让他吃。可孩子就是不听，总是跟妈妈闹着要吃。家长很发愁，这样缺乏自控力的孩子我们该怎样引导呢?

【问题解析】

案例中的孩子想要什么，就必须马上得到，更无法考虑生病的现实情况。这种现象叫作“即时满足”。相反，如果孩子可以耐心等待，根据现实情况控制住自己的欲望，这种现象是“延迟满足”。曾经有个著名的“棉花糖试验”。实验者将若干个四五岁的孩子，放在无人空间里，每人发一块糖。能够坚持 15 分钟不吃掉糖的孩子，就会再得到一块糖作为奖励，反之则没有。经过心理学家的跟踪研究发现，那些能够等待且具有“延迟满足”能力的孩子，更能够自律自控，长大后更容易拥有成功的人生。因此，实验让很多家长相信，越早训练孩子的“延迟满足”越会影响他们的一生。甚至有些家长从出生就开始训练。比如：孩子肚子饿了想吃奶，妈妈说：“再坚持一会儿，喂奶时间还没到”；孩子想让妈妈抱，妈妈说：“要耐心等一会儿，妈妈做完事再来”；甚至有些妈妈眼看着孩子使劲哭，也不予以满足。难道这样真的可以训练孩子的“延迟满足”吗？

其实，孩子的“延迟满足”能力、自控力并不是天生的，也不是刚出生就能训练出来的。我们再用一个有趣的实验说明。两只小白鼠，一只从出生开始就随时有食物，无论它去哪儿玩，只要它想吃，就能随时吃到食物；另一只则有时有食物，有时没有，甚至它回来觅食时，连续几次食物架上都空空如也。试想下次给两只小白鼠做“棉花糖实验”，哪只小白鼠会更具有延迟满足的能力？

不言而喻，一定是第一只小白鼠。因为它在已有的经验中建立了一个信念：“食物是我的，我想吃的时候随时都有。”因此，即使现在不让吃，它也相信食物一定会有的。而第二只小白鼠就没有这么笃定了。它的经验告诉它：“你的食物不知道什么时候会出现，好容易有了食物，可千万不能放过呀！”这样，不同的信念会驱使它们做出不同的行为：第一只小白鼠可以等，而第二只小白鼠等不及。

因此，孩子之所以不具有“延迟满足”的能力，有可能是因为曾经不被“即时满足”。尤其是生命的第一年，建议家长尽可能地满足孩子的各种需求，包括物质和情感上的需求。越是被充分满足过的孩子，人格发展越饱满，“延迟满足”的能力才会越强。

当然，有些家长会担心，这样会不会惯坏孩子。而且，即使最用心的妈妈，也不可能做到孩子要什么给什么。其实，随着孩子渐渐长大，在一岁以后，他就不需要家长全然满足了。家长受实际所限造成的“缺失”，刚好帮助孩子练习“延迟满足”。但如果孩子没有得到过完全满足，其行为就会停留在“即时满足”的层面上。

具体问题来了，孩子想吃冰激凌是孩子的需求，如果妈妈不满足，他就很难发展出“延迟满足”的能力。可孩子正在咳嗽，难道妈妈就真要满足孩子，给他吃冰激凌吗？

其实，这里说的需求不仅仅是指物质，还包括理解、爱、看见、认可等精神方面的需求。通常情况下，孩子想吃冰激凌，家长会以咳嗽为由，简单否定孩子的需要：“你还咳嗽呢，吃什么冰激凌。不许再要了，等不咳嗽了再说。”这样的回应，让孩子不仅没有吃到冰激凌，连想一想的权利也被剥夺了。家长对孩子的需求视而不见，这相当于物质和精神都没有得到满足。正确的方法是，如果现实不能允许满足孩子的物质需求，那么就要让他在精神上得到满足。比如：家长看到了他的需求，可以满足“被看见”的需要；妈妈把哭闹的孩子充满爱地抱在怀里，可以满足孩子“爱”的需求；家长对孩子“坚持不吃”的行为给予肯定，可以满足他“被认可”的需求。如果孩子在精神上得到了更高层次的满足，就不会特别在意物质的满足了。

对话演练

孩子： 妈妈，我要吃冰激凌。

妈妈： 宝贝，你想吃冰激凌呀！那你有多么想吃呢？能不能比画比画让妈妈看看。

孩子：有这么大，就像大海一样大。

妈妈：哎呀，真的好大呀！妈妈也看到和感觉到了呢！

孩子：妈妈，那你给我买一个大冰激凌吧！

妈妈：你说说，要是有个大冰激凌，你准备怎么吃掉它？

孩子：我要用舌头舔着吃，不，一口一口咬着吃。

妈妈：真香！等你不咳嗽的时候，我们一定买一个大冰激凌，用舌头舔一舔，再使劲咬一口。到时候，妈妈也买一个，咱俩一起吃。

孩子：妈妈，那我的咳嗽什么时候能好呀？

妈妈：这两天你按时吃药，多多喝水，下周咱们去医院看看，医生说你好了的时候，咱们就去吃冰激凌。

孩子：好的妈妈，我的咳嗽很快就能好了。

妈妈：妈妈看到你能等到咳嗽好了再吃冰激凌，真是佩服你呀！这就叫作“等待”。能等待的孩子长大更优秀。

孩子：妈妈，我就是能等待的优秀的孩子。

妈妈：当然啦！你是妈妈心中最棒的孩子！走吧，我们回家看看爸爸给咱们做什么好吃的啦！

孩子有物质需求不能被满足时，家长可以这样做：

1. 看见需求。妈妈通过和孩子讨论冰激凌的大小、吃法，看见了孩子脑子里的想法，并通过一起想象，满足孩子“被看见”的需求。

2. 提出方案。妈妈用正向的语言说明，等咳嗽好了就可以吃冰激凌了。孩子接收信息的能力比较弱，他们听到“不能吃”产生的负面情绪会远远大于“什么时候能吃”。

3. 正向定义。当孩子愿意等到咳嗽好了再吃时，妈妈要给孩子的这种行为做一个积极的定义，让孩子感到被鼓励。这样孩子就会建立一个更高级的精神层面的需求，物质的需求自然会降低。

真正自律自控的孩子，他的内心世界有更丰富的精神需求得到了满足。如果家长可以发现和给予孩子精神需求的满足，那么孩子一定会发展出“延迟满足”和“自控行为”。

问题延伸

家长朋友要注意，在与孩子协商的过程中，不要以自己的想法为中心，严格禁止孩子做任何自己认为不对的事。比如这件事，咳嗽绝对不可以吃冰激凌的，但如果家长认为吃冰激凌就不对，任何时候都不能吃，这就过于严苛了。孩子还是要通过丰富的体验来成长的。家长需要和孩子讨论的是，什么时候能吃，怎么吃，间隔多久吃一次，如果吃坏了肚子怎么办，但尽量不要严令禁止。类似的事情还有吃糖、吃辣条、打游戏、淋雨、玩冷水等，家长都可以仿照上面的做法去引导孩子，给予孩子物质和精神层面更多的满足。

问题 15：如何处理二宝关系？

随着二胎政策的放开，越来越多的家长觉得大宝太孤单，决定生育二宝，期望二宝和大宝互相照应。可是，有了二宝后，很多家长却更糟心。有的大宝突然变得不能自理，什么都需要妈妈照顾了；有的大宝痛恨二宝，甚至大打出手欺负弟弟妹妹；有的大宝本来挺乖巧，因为二宝的到来反而开始各种挑战行为……对于大宝的这些行为，家长不知道该怎么教育大宝，仿佛说重了也不对，不说也不对。

【问题解析】

大宝在父母眼里成为问题孩子，而二宝呢？弱小、可爱、能说会道、聪明伶俐。面对如此不同的两个孩子，爸爸妈妈们真是无以应对。努力将一碗水端平，但却总也端不平，搞得家长疲惫不堪，到处寻求帮助。

我们先来分析原因。首先，从大宝的角度看，享受家中的所有资源已经成为他的习惯。从出生那刻起，他成为家庭的中心，好吃的，好玩的，妈妈爸爸的疼爱，甚至还有祖辈们全部的关爱。这是何等的幸福啊！但是，最让人痛苦的莫过于曾经拥有却又被剥夺。大宝从来不知道会在独享若干年后，突然有另一个小孩来到家中，居然还要将自己的东西（特别是妈妈）拱手让给他。如果不让，就会被指责为“不懂事”。

当大宝感受到被剥夺时，就会做出一些行为表达自己的愤恨。直接攻击，打骂二宝；分给二宝的玩具、吃的，大宝直接抢走。这就是很多家长困惑的，为什么“大宝总是欺负二宝。”如果这时家长再来做个判官，认为大孩子要让着小孩子，判定大宝是错的，大宝就会更加认为，是弟弟妹妹抢走了本属于自己的爱，下次还会变本加厉。有的大宝看到妈妈照顾二宝的生活起居，会误认为“只要生活不能自理”

就能够重新获得妈妈的爱。于是，他们就会退行，把自己也变成需要妈妈照顾的“小宝宝”，吃饭需要喂，没事就让妈妈抱。甚至有些孩子要求吃妈妈的奶，拉尿在裤子里。这些行为的背后，大宝都在向家长传递着一个信号：“我被剥夺了，我要用自己的方式努力要回曾经的一切。”

接着，我们再来看看二宝。为什么家长总是说“二宝都乖巧可爱，能说会道，爱分享，懂得谦让”呢？其实，二宝哪懂这些啊！这也是他与生俱来的生存能力，或者说是一种本能。大家想想看，二宝出生的那一刻，就看到一个比自己大的哥哥姐姐，作为一个什么都不会的小家伙，根本没有与哥哥姐姐抢资源的能力，于是他会怎么想——“原来，世界和妈妈都不是我一个人的，我得到一些就够了。”这样，二宝就会心甘情愿地与大宝分享。同时，他也知道妈妈不全是自己的，只有听话一些，懂事一些，才能够得到更多的爱。因此，二宝天生懂分享，是生存的需要。但大宝在二宝来临的那一刻，就注定被剥夺，抢回他曾经的拥有，是最重要的事情。如果这时家长不明白其中的心理机制，像个判官一样评判孩子们的好坏、对错，批评大宝，保护二宝，反而会让大宝更加愤怒，二宝更加讨好。这并不是他们有意识的破坏行为，而是为了争夺爱生发出的偏差行为。

因此，要想调整和改变这种现象，家长最需要的是撤离。在大宝和二宝发生冲突时，家长不要去评判，而是在理解双方情绪的基础上，撤离他们的纷争。孩子们发现妈妈同时爱和理解着他们，却不站在任何一边，他们的注意力就会关注在对方身上，共同协商解决问题了。

对话演练

弟弟：妈妈，哥哥欺负我了！他抢我的玩具，还打我！（哭）

妈妈：二宝，你觉得哥哥欺负你了，感到很委屈是吗？我们再问问哥哥，现在是什么感受啊？

哥哥：我生气。哼！

妈妈：哦，因为玩具的问题，大宝感到生气，二宝感到委屈。妈妈感受到了，你们需要我做什么吗？

弟弟：你快点去骂哥哥，让他不要再欺负我了。

妈妈：哦，妈妈知道你们想让我来评判一下。但我没有看到事情的经过，所以也不好裁决。这样吧，你们自己想想办法，看看有什么办法解决这个矛盾。妈妈就在厨房做饭，你们有了好办法，就赶紧来告诉我好吗？

弟弟：妈妈……好吧……哥哥，那这个玩具先给你玩一会儿，然后再给我玩一会儿行吗？

哥哥：哼，我才不稀罕你的玩具呢！过来，你当我的兵吧！我是将军。你要是听话，就把这些玩具都给你。

弟弟：好，将军，我听话。

妈妈：宝贝们，妈妈发现你们很快就解决了问题，还一起玩得很高兴。哥哥是将军，有好多好玩的主意，还给士兵分配玩具和食物；二宝是个合格的士兵，有权利得到将军的保护和奖励。你们自己好好玩，妈妈要给你们点赞呀！

SEL 方法

大宝、二宝发生冲突时，家长可以这样做：

1. 理解双方的情绪。这里的关键词是“双方”，家长不要只同情弱者，忽略强者。在理解情绪上要“一视同仁”。

2. 撤出纷争。家长可以在确定孩子感受到被看见之后，有意识把解决问题的权利留给孩子们，并表达相信他们有能力解决。

3. 赋予能力感。对于双方来说，无论选择了什么方法解决，都是共同协商的结果，都是一种共赢的状态。家长不评判方案的对错，而是给双方赋予不同的能力感。这样，大宝从中学会了担当和责任，二宝学会了妥协和退让。

根据大宝和二宝的心理特点，通常情况下，他们会选择适合自己的方式来解决。二宝天生懂得分享，看到哥哥姐姐比自己厉害，又没有家长撑腰，他们会倾向于选择先退让和示好，用主动妥协，保护好自己；大宝呢？他们在竞争中，看到二宝的主动示好，也会感受到胜利的喜悦，即使失去了一部分，但对弟弟妹妹还享有控制权，心理上会获得一些平衡感。妈妈把时间和空间留给孩子，竞争变得更加公平时，每个孩子就会努力评估他人和自己的能力，做出对自己最有利的选择。慢慢的，两个孩子就会从竞争转向合作。

问题延伸

有些家长会担心，真不管他们，两个孩子发生危险和伤害怎么办？这个可能也是有的。所以，家长也要增强自己预估预判的能力，在有限的空间和安全的环境下撤离。撤离之前要向孩子们说明自己的底线。

比如可以说："这个问题你们可以用任何方法来解决。但需要在你们自己的房间，一小时内结束。要求是绝对不可以互相伤害到身体，也不能损坏房间里的物品。如果发现，我会第一时间禁止。"

最后我想说的是，如果妈妈从心底相信孩子们的能力，那么就放手给他们机会吧！本身孩子们的成长就离不开和同伴的竞争，在竞争的过程中才能发展出合作的意识。二宝家庭给家长带来了很多挑战，但也是资源和财富。利用好两个孩子之间发生的事件，帮助他们提升社会与情绪能力，长大后他们会更加优秀。

第五章 社会与情绪技能
——培养自主学习的小学生

说到学习问题，是每位家长和每个家庭都特别关注的问题。尤其在当今社会，学习成绩是筛选社会人才和精英的重要指标。为了在无数优秀孩子中脱颖而出，孩子开始学习文化知识的年龄越来越小，涉猎的学习门类也越来越多。甚至在一些城市，幼儿园升小学都要经过相当严格的考核，孩子进入优质学校的评价标准也逐年提高。这使得很多家长陷入深深的焦虑，不仅给孩子报名各种学习班，自己也透支精力用全部时间陪伴孩子。多学知识，多掌握技能成为家长对孩子的主要期待，生怕自己的孩子因为学得不够多，不够好，就会在未来社会被淘汰。

说到这里，我认为家长是存在一个错误认知的。我承认，学习成绩固然重要，在中国这样人多资源少的社会环境中，孩子更优秀才更有机会。但是，要想脱颖而出，只竞争所学知识和技能的数量是远远不够的。学习过程中形成的学习能力，主动学习的态度和善于学习的意识，这才是帮助孩子持续保持优秀的根本。如果把大脑比作一台电脑，学会知识和技能，只是简单的储存功能；积极自主的学习能力和意志品质，才是电脑的运行系统。如果电脑系统是匮乏的，运行能力是孱弱的，储存再多的知识都无法灵活应用和创造价值。

很遗憾的是，目前很多学校的学习还停留在学科知识层面。学习能力的培养是社会与情绪学习的范畴，学校还没有更多的精力完成这个层面的教育。但值得高兴的是，现如今，也有一些学校和校外机构开始关注孩子这方面的发展，通过专门的社会与情绪课程进行教学和教育。因为他们相信，孩子的学习内驱力一旦形成，学习的结果将更加乐观。

那么，从社会与情绪的角度分析，到底什么因素会影响孩子学习呢？首先，情绪是非常重要的影响因素。前面几章反复介绍过，大脑是理智、情绪和行为协同运作的结构。学习是理智脑的工作，理智脑的持续发展，与情绪有着非常紧密的联系。简单地说，孩子如果情绪不好，是根本无法专心学习的。因此，要想培养孩子自主学习的内驱力，一方面要对孩子的情绪给予关注、理解，另一方面也要通过鼓励等方式，赋予他们“我能行”的能力感，激发积极的情绪，促进孩子主动投入学习。第二，孩子拥有自主学习的动机也很重要。能够激发自主学习动机的因素是目标感和意义感。很多孩子之所以不爱学习，是因为他们在学习过程中不明确学习的目标和意义是什么。家长给孩子安排了很多的学习任务，但却从来没有用他们能理解的方式告诉他们“为什么学习”。孩子被驱使着盲目地学习，肯定不会有自主学习的意识。第三，能力也是影响孩子学习结果的因素，但它却常常被家长忽略。有的孩子写作业拖拉，上课说话，家长和老师经常认为是态度问题。但事实上，幼小的孩子刚开始学习，他们缺乏很多应对学习的能力。比如：写作业时，孩子需要记住作业条目，规划作业时间，安排作业顺序，集中注意力，快速记忆课文、单词，还要拥有计算能力、阅读能力、书写能力等。看似简单的写作业，却是众多能力的综合。一项或几项能力的缺乏，必然导致孩子的学习效果差。如果忽视对学习能力的关注和培养，只简单给孩子“不认真”的评价，这是不公平的。

基于以上分析，我认为，与家长探讨孩子学习问题，必须透过表面现象向内看，再细化。这一章，我们将通过5个具体问题深入孩子的内心世界，从情绪状态、学习目标、学习动力、学习方法等维度，以社会与情绪的角度给家长更多策略和建议。在具体的对话练习中，家长可以掌握“引导孩子学习”的正确方法，慢慢把自己的角色从学习监工变成指导者和陪伴者。孩子也会在家长的积极引导下，在学习中找到乐趣，增加方法，获得能力感。这些内在力量将伴随孩子一生的学习之旅，也是孩子未来竞争最强有力的“武器”。

问题16：提升孩子专注力，家长该如何高质量地陪伴孩子学习呢？

当孩子进入小学后，父母遇到最大的一个问题就是孩子写作业。每当写作业，孩子的注意力就很难集中。一位家长曾描述了孩子写作业时的场景：台灯下，孩子坐在书桌前，妈妈坐在旁边，眼睛眨也不眨地看着孩子写作业。一个不注意，孩子就拿起橡皮头扔来扔去。妈妈赶紧呵斥，橡皮头不扔了，改成抠手指了。妈妈一巴掌打过去，好了，刚才写到哪里也找不着了。看看时间，已经过去了40分钟，几十个生字才歪歪扭扭地写了一半。这下，妈妈急了，大喝一声：“你到底写不写作业了？不写就别写了！”这下，孩子彻底崩溃了，爸爸也来指责妈妈，甚至爷爷奶奶也上阵了。全家人大呼小叫，好不热闹。到底如何让孩子集中注意力写作业呢？

【问题解析】

孩子写作业是一项每天都要完成的任务。虽说很重要，但这项任务既不好玩，还枯燥无味，尤其遇到反复抄写的作业，孩子真是感到头疼。他们有时候根本不知道为什么要写作业，就被追着赶着去做，做不好还会受到指责和惩罚。想到这一点，确实也能理解孩子不愿意写作业了。

当然，这里我们不是反对写作业，换个角度说，写作业对孩子提升学习成绩、增强学习能力是有帮助的。要解决的关键问题是，孩子如何面对这种现状，才能专注地完成作业？我认为，情绪对专注写作业起着重要的作用。如果家长能够积极地陪伴孩子写作业，给予支持和帮助，让孩子的情绪处于稳定和积极的状态，他们更容易集中注意力，写作业效果也会更高。

如何高质量地陪伴孩子写作业呢？低年级孩子，我们鼓励家长“书童式”的陪伴。想象一下古时候书生进京赶考的场景：他们身边总会跟着一个书童，读书的时候点蜡；写字的时候研墨；走路的时候挑担；公子累了给他捶捶背；学习晚了给他做点吃的；公子有情绪的时候，还可以当出气筒让公子撒撒气。但即使这样，小书童还是乐呵呵地跟在主人身边，处处为主人着想。为什么要这样陪伴呢？孩子年龄很小，能力还很弱。尤其是刚上学，顾上写字顾不上收拾文具，顾上东顾不上西。小手好不容易写完一页拼音，又累又酸，很想有人给揉一揉。如果这个时候妈妈能像书童一样给孩子做好服务，他的心情会非常舒畅。即使不喜欢写作业，但想起写作业时有妈妈服务的良好感受，也会愿意去做。

高年级孩子，我们建议“同学式”的陪伴。孩子长大了，不需要家长过于照顾，但需要有人和他共同进步。家长可以坐在孩子旁边做自己的事。看看书，写写文章，学习学习。两个人约定好，各干各的，互不干扰。如果有问题，要留到休息的时候一并问。这种感觉就像上自习，家长和孩子是同学关系，互相支持、互相帮助、协同进步，这正是高年级孩子所期待的状态。

高质量的陪伴对每个家长来说都是很高的要求。这需要家长能够尽可能地放下自己的事，集中注意力陪伴孩子写作业。越是陪伴的质量高，孩子脱离家长独立写作业越容易实现。如果家长在陪伴过程中三心二意，孩子一旦做得不够好就乱发脾气，那么就会南辕北辙，让孩子越发不能集中注意力，孩子需要陪伴的时间也会延长，可能到初中都不能完全独立。

对话演练

妈妈：宝贝，放学回来啦！今天作业多吗？

孩子：多，好多作业。

妈妈：看起来你挺发愁的。来，妈妈给捶捶背，再给倒点水，吃个水果好不好？等心情好的时候，咱们一起写作业。

孩子：妈妈，你真好，我可以开始写作业啦！

妈妈：好。妈妈给宝贝把作业本打开，铅笔削好，来，坐好，咱们先写第一行生字。……哎呀，宝贝写得真好！每个字都横平竖直，看起来精精神神的。

孩子：妈妈，我写得好吧！我还能写得更好呢！

妈妈：那当然了，我宝贝肯定能写得更好。来继续……这次，咱们眼睛盯着字，一下也不抬头，一口气把这一行写完，怎么样？

孩子：好，没问题。

妈妈：哇！你又做到啦！一口气就把生字作业全做完了！来，小手累了吧，妈妈给揉一揉。

孩子：妈妈，我不累，我还要写数学呢！

妈妈：行，这次咱们做数学，妈妈给你看着时间，看看宝贝不抬头地写作业，能坚持多久。

孩子：我肯定能坚持100分钟。妈妈，要是我坚持到了，你亲亲我好不好！

妈妈：妈妈现在就亲亲，不需要100分钟，只要你坚持10分钟不抬头，每个字都认真写，妈妈就再亲10口。

妈妈在陪伴写作业的过程中，可以这样做：

1. 理解情绪。这是专注的前提。孩子不喜欢写作业，有情绪是很正常的事。妈妈给孩子捶背、倒水、切水果，都是在帮孩子缓解压力，调节情绪。

2. 目标单一。妈妈帮助孩子把打开本子、削铅笔等琐碎的工作完成，只要求孩子写好一行生字。这对孩子来说是简单的，容易做到的。而且妈妈还像书童一样陪伴在旁边，孩子心里就有了动力。

3. 目标划分。孩子的情绪再好，也不可能集中精力写几个小时不停。根据科学研究，小学阶段的孩子持续注意力集中的时间大约在 10 ～ 20 分钟。不同的孩子情况还会不同。因此，需要 1 小时完成的作业，家长需要将 1 小时划分成 3 ～ 6 个时间段，这样，孩子获得成功的可能性就会更大。

4. 及时反馈。孩子学习是需要及时反馈的。如果他们每隔 10 分钟就能得到一个积极反馈，这就如同空中加油机，随时给飞机加油。同样是 1 小时的作业，获得 3 ～ 6 个积极反馈带给孩子的学习动力会更强大。

问题延伸

其实，在实际的陪伴中，家长很难做到完美的高质量陪伴。家长千万不要以为这样做了一次，孩子以后就能非常专注了。这只是您对完美的想象。其实，即使家长用尽全力陪伴，孩子还是有可能走神，不能认真专注。这些有瑕疵的结果才是现实生活。家长需要接纳这种状态，经常与孩子交流探讨，共同努力去创建双方期待的亲子环境。朝向目标，但不要求即刻实现目标。这种态度才是孩子最需要的。在这种亲子关系和共建的态度下，孩子会慢慢爱上学习的。

问题 17：孩子记忆力不好，课文总是背不会，怎么办?

家长的众多问题中，孩子的记忆力问题也经常被提出。有的孩子最发愁背课文，记单词。每到这个时候，脑子就像机器锈住了一样，就是转不起来。背了前面忘记后面，完成背诵作业是孩子最痛苦的事情。因此，家长给孩子报名记忆力训练班，期望经过专业的训练可以提升孩子的记忆力水平，可效果并不好。他们想知道，社会与情绪学习与记忆力有关系吗? 除了死记硬背，还有什么方法可以提升记忆力的能力呢?

【问题解析】

事实上，大脑是一部高速运转的机器，理智脑的智力活动是这部机器最高级别的工作。依靠理智脑的工作可以创造出惊人的社会价值。这也是为什么人们如此看重学习的原因。但是，机器的运转是靠发动机驱动的，情绪正是大脑的发动机。没有积极情绪的驱动，可以说再聪明的理智脑也是无法正常工作的。前面我们讲过关于三脑协同运作的原理，这里就不再细讲。不可否认，关于记忆力有很多专业的训练方法，也是有一定成效的。但其前提是孩子的情绪处在平稳、积极的状态下。从社会与情绪的角度看，很多孩子之所以记不住东西，不是因为没有记忆的方法，而是因为对记忆产生畏难、恐惧、挫败等情绪困扰，导致无法启动理智脑的工作状态。要想专注的进行记忆，提升记忆能力，启动大脑比掌握方法更重要。

如何启动大脑，让理智脑积极的开始工作呢？我们从脑神经的研究谈一谈。人类负责记忆的是大脑皮层中的神经元细胞。当神经元细胞之间的突触向四周伸展，紧密连接起来，形成庞大的网络时，就会快速传递信息，令大脑获得和储存到更多。因此，我们平时说记忆力好的人，其实是因为他的大脑中神经元细胞连接的速度快，传递信息的能力更强。

什么能令神经元细胞迅速连接呢？那就是要给这些细胞“吃饭”，它们也需要营养物质的刺激才能启动，比如多巴胺就是其中一种“营养素”。可惜的是，像多巴胺这样的营养素不能通过外界摄取，只能由大脑自己产生。当我们感到兴奋和愉悦时，大脑就会产生大量多巴胺，刺激神经元细胞的突触产生连接，记忆的能力就会增强；反之，当情绪低落时，这些突触就会断开连接，记忆力自然就会下降。大家不妨回忆一下，感到高兴时，是不是更容易记得住知识呢？所以我们说，情绪是大脑启动的发动机。积极兴奋的情绪更有利于增强记忆能力。

如果要记忆的东西并不是孩子喜欢的，不能自然地产生兴奋点，或者曾经背诵时留下过糟糕情绪的记忆，都会严重干扰理智脑的启动。此时，作为家长不能一直逼着孩子继续背诵，而是要在情绪上给予关怀与调节，帮助他们回到兴奋愉悦的状态中。比如：在孩子开始记忆之前，允许他做一些自己喜欢的事休息一下；或者给孩子播放好听的音乐放松；年龄较小的孩子家长可以干脆将背诵作业变成游戏，边玩边背……这些都可以达到启动大脑的作用。

一旦大脑被启动，具体再用什么方法记忆就因人而异了。市面上有一些看似很有效的方法被推崇，我认为有些绝对化。其实每个孩子都能找到适合自己的记忆方法。有的孩子喜欢联想法，把要背的内容联想成自己熟悉的东西；有的孩子会用思维导图，找到知识间的各种关系；还有的孩子干脆用“死记硬背”的方法，依然可以有较高的记忆效果。

记忆力与注意力一样，家长朋友千万不要只关注学习技巧，孩子整个情绪和大脑状态的调整才是学习能力提升的关键。很多家长看到孩子学习成绩不好，就着急给他补课。数学不好补数学，语文不好补语文。这就好比吃“西药”，头疼医头、脚疼医脚。我期望能给孩子喝“中药”，从根本上找原因，由内而外进行调理，情绪与理性协调统一，才能共同促进学习进步。

对话演练

孩子：妈妈，今天老师让背20个单词，我背不会，实在背不会。

妈妈：行，咱们先不背。你说，现在咱们干点什么会开心起来呢？

孩子：妈妈，我想先看会儿漫画书。

妈妈：行，妈妈告诉你，我们的大脑就像一部机器，需要在开工前启动。你觉得看漫画书可以让你开心起来，是吗？

孩子：是的，今天在学校写了一下午作业，我的脑子都黏住了。看会儿漫画书，可以让我的大脑重新启动起来。

妈妈：那你需要看多久漫画来启动大脑呢？

孩子：20分钟，行吗？

妈妈：好的，20分钟后我们一起背单词。

孩子：妈妈，到20分钟啦！我的大脑启动啦！可以开始背单词了。

妈妈：好，那你觉得要想背会这些单词，需要用到社会与情绪课程中的什么技能呢？

孩子：嗯……对，必须注意力集中。老师说过，集中注意力要做到静、听、想、做，脑子里只想一件事。

妈妈：是啊！要是一会儿想这事，一会儿想那事，大脑再启动也没用的。

孩子：妈妈，那你说我怎么就能快速记住这些单词呢？

妈妈：你有什么好方法吗？

孩子：我就用老师上课教的拼读方法，像拼音一样就记住了。

妈妈：太棒了，只要你启动了大脑，又能集中注意力，不管用什么方法记这几个单词，都会变得容易很多。加油吧！宝贝！

SEL方法

从社会与情绪的角度讲，提高记忆力水平需要做到：

1. 启动大脑。通过激发孩子兴奋、愉悦的情绪，令大脑启动，才能启动记忆能力。

2. 集中注意力。注意力就像大脑中的手电筒光束，越是集中，越容易记忆。放松的情绪状态，更容易令注意力集中。

3. 找到记忆方法。帮助记忆的方法有好多，找到自己好用的方法最为重要。家长可以通过孩子的自我体验，引导他们寻找适合自己的方法。

这三个步骤不可调换顺序，最重要的是第一步——启动大脑。如果大脑启动不了，后面两个步骤都很难有效。

问题延伸

其实，记忆还分为外显记忆和内隐记忆，只关注方法的记忆是外显记忆，容易记也容易忘；如果家长能够关注孩子记忆时的情绪体验，就更容易形成内隐记忆，既不容易忘记，还会内化成孩子终身受用的方法和技能。对于低年级孩子来说，最好的方法就是将记忆过程游戏化，家长把背诵转化成打怪游戏，分小结、分段落的陪伴记忆。一旦记住了，就给予鼓励。到了高年级，家长可以将大脑记忆的原理讲给孩子听，鼓励他们找到适合自己启动大脑的方法。有的孩子喜欢边听音乐边写作业，这也不一定会分心。只要孩子感觉音乐可以促进自己的学习，家长也可以支持。

问题18：孩子的数学题一做就错，一改就会，不知道这是为什么？

有位家长反映，他的孩子上二年级，其实挺聪明的，老师讲的内容似乎都能学会，可就是一做题就出错，特别是应用题。奇怪的是，你觉得他是不理解吧，可回来改错的时候，不用家长讲解，孩子自己就会了。家长感到很困惑，这孩子到底是会还是不会呢？作为家长到底需不需要帮助他呢？

【问题解析】

这种现象在低年级孩子身上经常发生。现在的孩子智力发展都比较超前，一二年级的知识孩子理解起来并不困难。这位家长反馈的细节中，有一个关键信息是：一道数学应用题，孩子的错误看起来是不理解，但改错的时候又会了。我认为这跟孩子的理解能力没有关系，而是与审题能力有关。也就是说，孩子不是不会做，而是没有读清楚题目。如果孩子能够把题目审清楚，自然就不会出错了。

低年级孩子刚上学，他们各方面能力还很弱。完成一道应用题，需要方方面面的能力综合来支持。比如：他需要有认字能力，阅读能力，理解能力，审题能力，找关键信息的能力，书写的能力，选择方法的能力，检查的能力等。哪一种能力缺失，都会影响题目的完成结果。从前面家长反映的情况看，孩子可以自主读题，理解也没有问题，改错的时候可以选择正确的方法，那么造成问题的主要原因可能就是审题和寻找关键信息的能力弱了。

就拿数学应用题举例。应用题是一种被定义的非常清晰的问题，英文单词是 puzzle。这种问题信息精准，表达简洁，解决方案明确。是最有利于训练思维方式，找到解决办法的问题。但要想能够顺利找到解决方案，准确理解问题中的全部信息，就显得尤其重要。比如："两个小朋友在周长为 400 米的椭圆形跑道上行走，他们相背而行，一人速度为 120 米每分钟，一人为 80 米每分钟，几分钟后两人可以相遇？"在这道题中，不仅几个关键的数据很重要，还有很多关键信息都需要关注。"椭圆形"跑道，说明是一个封闭路线，这与在一条直线上行走是不同的；"相背而行"，在椭圆形跑道上相背而行，其实相当于反方向行走，是"两人相遇"的问题。但如果是"同向而行"则变成了追及问题。细微的信息差别，就决定了解决方案的全然不同。而且，数学题目中很少有废话，每个字、词的出现都似乎有很精准的意思。如果孩子在做题时没有把关键信息一一解析，凭感觉着急下笔，就容易出错。老师和家长以为孩子没有理解，就花时间给他反复讲解，甚至还报学习班补课，南辕北辙，真正的问题依然存在。

我的建议是：孩子做错题目，不要着急认为他不理解题目，也不要着急给孩子讲解数量关系。先请孩子自己读题，反复读题。在读题的过程中，孩子会越来越清晰地看到全部信息，大脑将这些信息整理起来思考，孩子自己就能解决问题了。甚至家长还可以要求孩子将关键信息标注出来。如果做到这些，孩子还是不会做，才能说明他是真的不理解数量关系，家长再给他讲解也不迟。

对话演练

孩子：妈妈，昨天的数学作业我错了两道应用题。

妈妈：是吗？妈妈看看。哦，好像不是计算的问题，整个方法都错了。

孩子：是的，妈妈，我不会做这道题，你能不能给我讲一讲？

妈妈：别急，这样。你来认真读一读这道题，连续读五遍，看看是不是自己能理解？

孩子：妈妈，我读着读着好像懂了，这道题应该这样做吧。

妈妈：对呀，你做对了。妈妈感到很好奇，怎么看似不会做的题，读了五遍题目就会了？

孩子：我也不知道……

妈妈：妈妈告诉你，其实你是理解这道题的，只是在做题时，你草草的读了一遍，并没有找到这道题中的关键信息。

孩子：可是，我看到这些数字了呀！一个都没有落下。

妈妈：在数学题目中，有很多信息是隐藏在文字里的。一个信息没有看清楚，就会让你对整道题理解错误，结果也就错了。

孩子：原来是这样啊！那我以后做题的时候多读几遍题，就像今天一样，读五遍再写。

妈妈：如果可以的话，妈妈建议你一边读题，一边把你认为的所有关键信息都圈出来，这样就不会忽略信息，理解也就更准确了。

当孩子做错应用题时：

1. 不要简单地认为“他不会”，可以先从读题开始。

2. 请孩子连续读题，家长尽量不要着急讲解。

3. 可以邀请孩子边读题边勾画“关键词”，培养孩子关注关键信息的能力。

4. 当做了这些，孩子还是不理解时，家长再给他讲解。

“寻找关键词”是孩子上学必备的能力之一，一旦孩子养成读题审题从关键词入手的习惯，很多问题就不是问题了。我建议家长从孩子一入学就有针对性的刻意训练，到了高年级，他们会习惯于抓重点，出现理解错误的可能性就会大大降低。

问题延伸

除了数学应用题，审题和理解关键信息的能力在任何时候都很重要。比如：题目是让选择一个表达错误的答案，但很多学生看到一个正确的就匆忙填写；题目上要求用红色圈出答案，学生却用铅笔写个数字；语文题目是写出某首古诗的第二句，结果学生把第一句认真地写上去了，却还不知道是怎么错了。虽然有很多人会抨击这些出题者，为什么专门不按常理出题？还有的人说：只要孩子会了就行，这种错出了也不可怕。但我认为一个人审阅和找准关键词的能力是非常重要的，如果不具备这样的能力，不要说学习，就算与人沟通都会出现问题。

这里也想提醒家长，有些家长自己寻找关键信息的能力就很弱。

在跟孩子沟通的过程中，很多时候也不能切中孩子想表达的关键信息。所以孩子才会认为家长不理解自己。我们建议家长和孩子都能关注到“寻找关键词”的能力，不仅限于学习，在生活中也时常练习，反过来它会促进孩子学习能力的提升。

问题 19：孩子总想玩游戏，不想学习，该怎样引导？

说到电子游戏的问题，很多家长都感到头疼。家长经常来询问，孩子总是想着手机游戏，一有时间就玩得停不下来，作业和学习的事早就扔到九霄云外去了。怎样能让孩子放下手里的游戏，专心学习呢?

【问题解析】

听得出来，家长的心里埋藏着深深的焦虑。家长把游戏和学习看作是对立的敌人，希望孩子能在两者中选择学习，放弃游戏。可偏偏，孩子们却不按家长心中的期待出牌，义无反顾地选择了游戏。于是，游戏在家长眼中就变成了“坏东西”，没有它的存在，孩子也不至于如此“不听话”。

其实，游戏并不是当代的产物，而是一直伴随着人类的存在而存在的。在儿童发展层面来说，游戏扮演着重要的角色，对促进儿童的身心发展、认知发展、社会发展和情感情绪的发展起着重要的作用。只是现在，游戏发展到了电子游戏，这让家长感到比较焦虑。

我也跟一些孩子聊过这个问题，他们心里很清楚学习是非常重要的事。但每当想起打游戏时那种快乐的感觉，就会不自觉地被吸引过去。很多孩子甚至成人都很难用坚强的意志与游戏的吸引力抗争，这到底是为什么呢？

我们在第二章中曾经介绍过大脑的三个结构：理智脑、情绪脑和行为脑。人类就是靠这三个脑的协同运作生活和进步的。游戏可以直接激发情绪脑的快乐情绪，这种本能的驱使，会让孩子情不自禁地继续玩下去；而学习呢？需要靠意志来坚持。孩子要用理智脑主动调起注意力集中，一方面克制情绪脑追求快乐的驱动力，另一方面还要和学习带来的枯燥无趣的情绪做斗争。如果让孩子自然选择，他们当然会本能的选择游戏了，这是对于大脑来说最节省能量的选择。更何况，孩子的理智脑本身不如情绪脑和行为脑的发育完善，自我控制的能力更加不足。

当然，我们这样解释并不是给孩子玩游戏找理由，也不是鼓励他们就这样玩下去。如果不能通过正确的教育方式教育引导孩子，发展他们的理智脑去协调管理整个大脑，孩子的自我管理能力就始终不能走向成熟，只能停留在情绪控制行为的层面。我们尝试从大脑功能的角度去理解孩子玩游戏的行为，目的是利用他们这个阶段的发展特征，用有趣的游戏为学习服务。也就是说，如果游戏是无法制伏的敌人，那么唯一有效的方法就是化敌为友，让它成为学习的同盟军，这叫作学习游戏化。

俗话说，知己知彼。要想让游戏服务好学习，我们首先需要了解游戏的优势。玩过游戏的人都有亲身体验，不管是王者荣耀、绝地求生，还是简单的消消乐，这些游戏之所以会让人无法释怀，它们都具有以下几个特点：第一，目标可视化。玩家对自己要完成的任务清晰可见。看得见自己的血量、看得见自己的勋章数、看得见排位等级、看得见下一步的努力方向。这些“看得见”都满足了玩家对自己成长的操控感，这种操控感直击每个人安全的需要。看得见自己的过去和未来，才能最大程度地降低焦虑，更好地专注于当下。第二，成功可复制。成功经验对于每个人都很重要，只要有了成功经验就可以不断复制。所以，从某种意义上说，成功才是成功之母。游戏中有很多设置，例如：反复练习、观战、复活、匹配合适的队友等，都可以有效的帮助玩家从失败中获得成功的体验，这种体验成功的感觉，会更加激励玩家产生不断前进的动力。第三，有趣的社交场景。孩子需要在社交的过程中学习和练习。通过选择游戏人物，与游戏中虚拟的人物合作交流，满足内心归属感的需求。第四，及时的正向反馈。游戏中没有批评、指责，只有加油鼓励。每做出一个行为，都有一个声音或者一个画面给予反馈：yes、go，简短的语言，却像“空中加油机”一样，随时给孩子注入新的能量。

基于以上对游戏的分析，如果我们可以将游戏的机制运用在学习中，让孩子体验游戏即学习，学习即游戏的感觉，孩子面对学习就没有那么害怕了，纯玩游戏的驱动力也会有所下降。

对话演练

妈妈：宝贝，放学回家啦？今天有几个作业怪兽呀？

孩子：一、二、三……哎呀，今天有5个怪兽。

妈妈：它们都厉害不厉害？

孩子：有两个厉害的，其他三个都不厉害，小菜一碟。

妈妈： 好，那你今天选择的是什么角色对付这5个怪兽？

孩子： 今天我想当王者荣耀里的诸葛亮，诸葛亮最聪明，他有数学老师的皮肤，我准备用他来对付最厉害的数学作业怪兽。

妈妈： 好啊！有了他你可是不害怕这几个怪兽了。瞧，妈妈用彩泥捏了5个怪兽放在书桌上，你打败一个就倒下一个，看看啥时候能结束战斗。

孩子： 没问题，妈妈，我用诸葛亮的一级能力召唤多多的能量球，要是还不行，我就用大招——气功弹，每次能给怪兽造成600～1200的杀伤力。

妈妈： 哎呀，有了这么多能量，妈妈就只能在旁边观战，给你拍手叫好啦！

孩子： 放心吧，妈妈，让你看场好戏。

学习游戏化，家长需要在以下几个方面努力：

1. 接纳游戏的存在。家长不要把孩子不爱学习的原因一股脑归罪于游戏，接纳它才能更好地利用它。

2. 体验游戏过程。要想利用游戏的优势促进孩子学习，家长要先体验游戏。只有您自己体验了，才能取其精华、去其糟粕。

3. 家长要学习和孩子用游戏的语言系统交流。用游戏中的语言隐喻学习中的方法，比直接说教更有效。

4. 积极向孩子讨教。如果家长真的不熟悉游戏，就要虚心向孩子请教。请他教给你，请他自己设计游戏方案面对学习。

当作业变成有趣的游戏场景时，孩子的学习也变得有趣起来。接下来写作业的过程，作业会成为他战斗的对象，激励他专心战胜它。如果每战胜一只怪兽还能得到妈妈肯定的眼神、赞美的语言，更会让孩子兴致盎然。他们在学习场景下，体验到的是游戏的心情，哪能不喜欢学习呢？

问题延伸

当然，可利用的游戏不仅仅是电子游戏，只要家长朋友建立“学习游戏化”的思维，就一定会把无数个学习难题变成有趣的游戏。比如，可以让一年级的孩子把加减法口算题写在小卡片上，自制扑克，家长和孩子玩打扑克。孩子要想赢过家长，就必须算出得数再出牌。这种练习口算的方法比做好几百道题更轻松有效。

到了三四年级，经常会有一些思考题。家长也可以和孩子一起当福尔摩斯去断案，一点一点找到解决问题的突破口，慢慢拨开迷雾，看到问题的本质。

五六年级的孩子就可以更加开放一些，让他们自己展开想象力，想象用什么游戏场景来面对学习。

游戏有它的娱乐属性，但更重要的是它的社会属性。作为家长不仅要理解游戏的娱乐属性，帮孩子从游戏中获得心理的放松，也要充分放大游戏的社会属性，发展孩子的学习和社交能力。孩子只做有兴趣的事，这是本能，但如果他们能够学习到游戏的本质，利用它的优势，有兴趣的做任何事，包括讨厌的事，那么就提升了精神世界的享受，他的人生也就变得更加幸福和有趣。

在学习中游戏，过游戏人生。孩子有能力用游戏的思维方式面对生活中的酸甜苦辣，是社会与情绪发展的终极目标。

问题 20：想让孩子上兴趣班，孩子不愿意去，家长该怎样引导？

几乎所有的孩子，在学校学习以外，还要忙不迭地奔走于各种兴趣班。家长们也是不辞辛苦地带着孩子东奔西走。谁也不希望在竞争激烈的社会中，自己的孩子因为本领不够多而折了翅膀。在陪学的过程中，家长尝尽了酸甜苦辣，不仅身体辛苦，还经常要与孩子斗智斗勇，搞不好，还弄得心力交瘁。一位家长曾经咨询，他的孩子钢琴已经弹了 5 年，过了 8 级，可最近突然说不想弹琴了，说什么也不学了。妈妈着急上火，坚持了这么久的钢琴，说放就放下，岂不是太可惜。又怕孩子现在不懂事，以后长大了责怪妈妈“为什么不让他坚持下来”。

【问题解析】

家长和孩子的亲子问题，很多也都来自兴趣班。有的孩子什么都想学，什么都要报，时间排得满满的，弄得家长叫苦不迭；有的家长让孩子自己选择兴趣班，孩子一开始说喜欢，可没过多久就不学了，家长因此很生气，抱怨孩子没有常性；还有的孩子上课还好，就不愿意回家练习，一到练习的时候，孩子哭、妈妈气，好不热闹。

我认为这些问题的根源在于：家长没有区分清楚“兴趣”和“特

长”的概念。所谓兴趣，就是受好奇心的驱使，个体喜欢、倾向于做的事情，这些事情可以满足自己情感上的需求。比如：唱歌、画画、钓鱼、看电影等；而特长呢？是个体特别擅长的专门技艺或研究领域。

因为这两个概念不同，所以，它们也具有不同的特点。兴趣是情感层面的，喜欢就做，不喜欢就不做。它具有不稳定性，可根据时间、地点、情绪状况不断变化。比如，最近心情不好，突然看到邻居在写书法，于是，也开始练习书法，帮助自己获得宁静。等这段时间过去了，又开始喜欢旅游，到处走一走，看一看。这都是正常的兴趣变化。兴趣还具有丰富性。每个人可以有很多兴趣爱好，因为它们只与好奇心有关，不需要具备天生的素质、专业的技法，不同类型的兴趣爱好可以集于一人之身。也有的人超级喜欢的事情，却一点也不精通，甚至玩得很烂，这也不足为奇。

而特长就不同了。它是相对稳定的一种能力和技巧，需要长时间学习和坚持才能形成。通常一个人的特长要持续十几年，甚至一生都在不断精进。特长是社会层面的，需要有意识地学习和练习，为人生发展和适应社会服务。因此，特长具有相对的稳定性，一旦形成，就不容易改变。同时也具有集中性。形成一项特长会耗费个体大量的时间、精力和金钱，能够做到精进一两项就很不容易了。

家长之所以在兴趣班上产生困扰和与孩子的矛盾，主要是因为，在给孩子选择兴趣班时没有进行自我评估。也就是说，家长并没有搞清楚自己给孩子学的是兴趣，还是特长。如果家长的初衷只是想培养孩子的兴趣，从兴趣爱好中慢慢寻找可能发展的特长，就不要那么紧张。孩子喜欢就学，不喜欢就不学。不必逼迫，顺其自然。孩子在学习兴趣的过程中满足了自己情感的需要，愉悦、有成就感，就会有想继续学下去的愿望。

前面的章节中讲到，高兴的情绪是帮助人类寻找发展方向的，孩子从众多感兴趣的事情中慢慢筛选，总会有一两项从兴趣变为特长，心甘情愿坚持和付出努力。但这个漫长的等待过程又是十分煎熬的。如果家长愿意尊重孩子的自主发展，那么就要努力放下对结果的期盼，以满足孩子情感需要为主，陪伴他们，直到孩子慢慢梳理出自己的特长方向。

但考虑到我们国家的社会现实，人口众多但资源有限。有些家长考虑现实，担心孩子从小没有一项特长，长大在社会上难以立足。这种心情也是可以理解的。那么家长就要从孩子很小的时候，充分观察他的优势和天资，帮助他选择特长，从小培养。比如：我们都比较熟悉的钢琴家郎朗的故事，还有很多运动员，这些特长都需要童子功，需要从小培养。但由家长选择的特长不一定是孩子喜欢的，在培养的道路上，孩子也许会走得比较艰辛。

因此，我们建议，特长选择一定要集中，最好只有一项。家长也要跟孩子说明自己的目的，这不是兴趣，而是特长，是未来生活的能力。强调，其他兴趣都可以自由变换，只有这一项要坚持。从这个角度看，这仿佛不是孩子的需要，而是家长自己的需要，家长需要用孩子的坚持来缓解焦虑。因此，孩子有情绪，不想坚持也是正常的。家长在孩子情绪不好的时候不能火上浇油，而要用各种方式鼓励他。

基于以上分析，我们再来看前面那个弹了 5 年钢琴的孩子。作为家长要先自己进行评估，看看孩子是否具有弹钢琴的天资，未来家长是否打算支持孩子在钢琴上的发展，包括精力和财力的投入。如果家长决定将钢琴作为特长培养孩子，那再去跟孩子交流和沟通。

对话演练

妈妈：宝贝，我们该去上钢琴课啦！

孩子：妈妈，我不想弹琴了，弹琴太没意思了。

妈妈：你感觉弹钢琴很无趣，对吗？

孩子：是啊！不是说，要做有兴趣的事吗？我觉得钢琴实在无聊，还要每天练呀练。妈妈，给我取消了吧。

妈妈：妈妈告诉你，你学习的这些课程分为两类：一类是兴趣。这些课程只要喜欢就学，不喜欢就可以不学；还有一类是特长，不一定喜欢但却是你的优势，只要你不停下来，很多人就追不上。它以后也许会成为你立足社会的资本，让你感到自豪和骄傲。你觉得弹钢琴对你来说是什么？

孩子：嗯……钢琴我都学了5年了，轻松就过了8级。老师每次都说我有悟性，好好练，以后会在弹琴上有出息。那应该算是我的特长吧。

妈妈：嗯，你爸爸就是音乐教师，妈妈也觉得在弹琴上，你有先天的优势，这几年你一直在努力，琴弹得真心不错。尤其是上次比赛，得到那么多的荣誉和掌声。这可不是谁都可以得到的。要是不作为特长坚持下去，实在有点可惜。

孩子：可是，妈妈，除了上台表演，平时练琴太辛苦了。

妈妈：妈妈也知道你的辛苦，台上一分钟，台下十年功。没有任何一项特长不是靠长时间训练得来的。任何特长都没有的人，看似轻松，但以后在竞争的社会中，也一定会体会到没有特长带来的辛苦。没关系，练琴辛苦，但有妈妈在。如果今天咱们两个达成一致，愿意把钢琴作为特长坚持练下去，以后遇到困难，妈妈陪伴你，鼓励你。每次成功，我们都一起来庆祝。

孩子： 好，妈妈。可是……除了练钢琴，我每天还要练书法……

妈妈： 那你觉得书法是兴趣还是特长？

孩子： 顶多算兴趣。

妈妈： 好，我们坚持一项特长，不管多难都坚持。其他的兴趣班，你高兴咱们就去，不高兴，妈妈也不强求。怎么样？

孩子学习兴趣班，家长需要做到：

1. 观察和评估。观察孩子的特点，评估家长自己的需要和能力，明确培养孩子的是兴趣还是特长。

2. 调整态度。如果以培养兴趣为目的，就要以快乐和放松为主。如果确定是特长，就要耐心陪伴，鼓励坚持。

3. 允许孩子自己选择。经常和孩子讨论，了解孩子的看法和体会，给孩子自主选择的机会。将感兴趣的事发展为特长，是我们期待的最佳结果。

其实家长和孩子在兴趣班上的冲突，很多都是因为学得多，主次不分造成的。如果孩子和妈妈达成一致，把精力集中放在特长上，其他的只作为兴趣爱好，放松心情，调节生活，矛盾就会减少很多。

问题延伸

当然，也不排除孩子学习了一段时间，确实不喜欢，或者没有天赋。这些情况家长也需要理解，跟孩子协商，即使选择了特长，但也是有可能更改的。放弃不代表一事无成，坚持也不一定必然成功。我们始终要相信，孩子的未来充满各种不确定性。

第六章　社会与情绪技能
——教孩子学会与他人相处

人际关系是指在合作的基础上建立和维持健康而有意义的人际关系，包括主动倾听，使用语言及非语言技巧表达自己，有效地促进与他人的交流，通过有效的方式解决人际冲突，在追求目标和需要的时候寻求帮助，获得适当的协助和支持。这是大多数人对人际关系的解读，也是比较狭义的理解。情商之父丹尼尔·戈尔曼在《情商2》中表示，他认为建立和谐的人际关系是人一生最重要的事，高质量的人际关系是幸福感和成就感的主要源泉之一。反思当今社会，越来越多的讲求物质的人际关系主导和腐蚀着人类的精神。似乎很多社交技巧只是为了满足物质上的私欲，却忽略了人与人之间的同理与关怀。因此，有真实情感连接的关系，才是可以滋养人生、体会幸福的人际关系。这一章节，我试图通过几个小小的案例，教家长如何引导孩子用真实的情感与人相处，获得健康的人际关系。

如果给人际关系分类，大体包括：亲子关系、师生关系、同侪关系（同伴关系）、社会关系等。这几种关系是随着孩子人格发展逐渐建立的。当婴儿呱呱坠地，妈妈用微笑的表情、亲吻和抚摸就开始了和孩子的第一次“交流”，这种非语言的“交流”带来的情感体验，给婴儿一生的人际关系打下了坚实的基础。随着孩子长大，学会用语言表达，上幼儿园、上小学，开始与老师交往、与同伴相处，直到中学、大学、走向社会，人际关系的范围逐渐扩大。没有一个人可以离开人际关系独自长大。孩子在不同的关系中汲取养料，学习更多适应社会的本领；各种关系也因为每个个体的独特性，饱含着酸甜苦辣的不同味道。在众多味道中，甜大于苦，人生则更容易获得幸福感。这就是和谐的人际关系。

与人和谐相处的能力不是天生就有的，是在成长过程中不断学习的，其中包括三个关键能力：真实情感互动的能力，和谐沟通的能力，清晰自我边界的能力。

先说说真实情感互动的能力。丹尼尔·戈尔曼在《情商 2》中说道：情绪是相互传染的。由于大脑神经系统的特殊作用，我们与他人的每次交往都会对自己的情绪产生影响。对方积极的情绪会被感受到，对方糟糕的感觉也会令我们自己郁闷。这不是理性所能控制的，而是时时刻刻都发生在我们身上的。在这种情绪感染的作用下，人们会做出不同的人际交往行为。想想看，如果今天妈妈的情绪很好，孩子看上去也很乖巧听话；如果妈妈今天的情绪就很差，孩子也像中了魔咒似的，无缘无故发脾气，更容易惹怒妈妈。这其实就是情绪传染的结果。更何况，亲子关系是最基本的人际关系，孩子早已经习惯于洞察妈妈的情绪。因此，人际交往如果建立在真实情绪情感基础上，则会值得信任和保持长久。例如：因为真的想念而给朋友送一份礼物，朋友感受到你的想念，则更愿意接受礼物。同样，这种真实感受，也会激发朋友的幸福感，回以同样的情感。但反之，如果人际关系没有真实的情感，送礼物只是为了交换利益，即使隐藏得很好，也同样会被对方的神经系统捕捉到。这种关系就显得很虚伪，缺乏信任，无法保持长久。所以说，一个没有真实情感互动能力的人，不可能建立真正幸福的人际关系。

再说说和谐沟通能力。除了通过表情、神态进行相互的情绪感染，语言是人类特有的沟通方式。怎么倾听，如何表达，是重要的两个沟通维度。还以亲子关系为例，事实上，很多家长看似听到孩子说话了，但却根本听不懂他们真正想表达的意思，回应也自然“文不对题”。例如：一个5岁的小男孩，看到有人卖雪糕，对妈妈说：“妈妈，宝宝不爱吃雪糕，太凉了，吃了肚子会疼的。”听了孩子的话，妈妈高兴地拍了拍男孩的头，说：“真是个好孩子，妈妈就知道你不爱吃雪糕。”在这段对话中，孩子真的想表达自己不爱吃雪糕吗？很显然不是的，相反，他想用不爱吃雪糕的表达告诉妈妈，“我也想吃雪糕”。可惜，妈妈没有听懂孩子的需求。试想，听了妈妈的回应，孩子是什么感受？因此，基本的沟通只依靠语言传递是远远不够的，特别是亲子沟通，家长要首先能够共情到孩子的感受，然后和孩子站在一起去交流问题和解决问题。

在每个章节的案例中，我都给大家展示了一段亲子沟通实录，细心的家长一定体会到了，几乎每段对话都是从共情孩子的感受开始的。这是亲子和谐沟通的敲门砖。如果家长经常与孩子这样沟通，孩子自然可以将它复制到各种人际关系中，他们与人有效沟通的能力就会大大增强。当然，沟通也确实是存在技巧的。当孩子在人际交往中确实遇到问题，家长有责任教给他们适当的沟通方法，帮他们积累更多人际沟通的成功经验。

最后说说人际边界的问题，我认为这一点特别值得重视。很多关系问题都是因为边界不清造成的。随着孩子的逐渐长大，他们的内在自我逐渐形成，自主意识的发展促使他们需要划定属于自己的边界。

这是成长的需要，也是人与人建立和谐关系的重要因素。用国家做个比喻，国家与国家之间，对自己的疆域有清晰的划分，互相不得干预其领土、领空内的一切事务。这样的好处就是便于更好地沟通与合作。试想，如果国家之间边界不清，A 国可以随便插手 B 国的事务，B 国不用经过 A 国的同意就随意踏上 A 国的土地，想做什么就做什么，这样的世界会是什么样的？还会有良好的秩序和关系吗？同样的道理，人与人之间也是有边界的，空间的或是心理的，有的看得见，有的看不见。不管什么关系都需要建立边界意识。不懂得尊重自己和他人边界的行为，会激化更多的人际矛盾，无法令关系走向和谐。特别是亲子关系，家长很容易忽视这一点。他们认为我是孩子的父亲（母亲），我们是一家人，不需要这么边界清晰，于是会做出一些“侵入性”的举动。比如：偷看孩子的日记，逼着孩子按照自己的方式行事等，这都与孩子逐渐独立的内在自我产生矛盾，生发各种亲子问题。进一步迁移，在这样边界不清晰的亲子关系中长大的孩子，也不会与其他人建立清晰舒适的人际关系。

篇幅有限，本章节只选择了 5 个案例与家长分享。这 5 个案例不仅仅是教给家长与孩子沟通的技巧，更是在情感互动和人际边界上开拓更多元的思路，希望引领家长站在更大的视角看待亲子关系，教给孩子如何与人相处。这将是孩子们未来享受人生幸福的关键能力。

问题 21：同桌总是拿孩子的东西，家长该怎样引导他？

男孩童童今年 7 岁，二年级，同桌是个看似比较强势的孩子，平时经常不经同意拿走童童的东西。童童为此感到很不开心，跟妈妈说了很多次。妈妈想过去找老师换个同桌，甚至想过自己直接去教育教育那个孩子，但不能从根本上解决问题，总不能一出现这种情况，妈妈就出手相助吧。可这样的事情，又该怎么引导孩子呢？妈妈感到很困惑。

【问题解析】

学校里，同伴间，这样的事情经常发生。有的家长鼓励孩子厉害一点要回东西；有的家长则直接出面帮孩子摆平；还有的家长觉得都是小孩子，没什么大不了，劝孩子不要当回事。但大家仔细体会一下，这几种做法，其实都只还停留在“解决问题”的层面。家长并没有把问题深入到孩子和同伴关系的层面。也就是说，问题的根本是提高孩子的同伴交往能力和与同伴相处的技巧。事件呈现的是问题，也是机会。如果可以借助这次事件，帮孩子学习到如何与强势同伴相处，这才是更高智慧的教育。这样，以后再发生此类事件，孩子则可以不依赖父母，独立解决问题了。

人际交往是孩子走入社会的核心能力，也是必须在成人之前学习的生存技巧。从家长反馈的信息看，我认为，之所以会产生这样的问题，主要是因为两个孩子的“边界感不清晰”导致的。先说同桌，他跟童童的交往以自己的需求为主，并没有考虑到尊重童童的物品和感受。他的心理可能还没有建立好“我和你”的概念，会比较简单地认为只要我需要，就是我的，所以才会不经过对方同意随意拿别人的东西。

从童童的角度看呢？事实上，童童也并没有清晰表达自己的边界。当别人拿自己的东西时，童童只是感到不舒服，回家找妈妈，却没有将自己不舒服的感受告知同桌，捍卫自己的边界。于是，他们的关系就形成了一种模式：一个只会侵入他人，一个又不会捍卫自己，这种越界和被越界的模式造成了上面的问题和矛盾。

在前面的章节我们介绍过，人类愤怒的情绪是用来表达边界的。童童的不舒服很有可能是一种愤怒的情绪。但因为种种原因，他并不知道可以通过表达愤怒的情绪，制止同桌的越界行为。而同桌呢？接受不到童童的情绪信号，自然就会反复重复越界行为，而且还有可能越来越严重。

可能有人会担心，如果童童直接向同桌表达愤怒，同桌会不会反而跟童童打起来呢？或者伺机报复，双方的矛盾继续升级呢？这不是反而破坏了关系吗？这种想法很多人都会有，他们害怕冲突，担心表达愤怒会给自己带来更糟糕的人际关系。

我想说的是，这绝不是不表达愤怒的理由。如何通过表达愤怒让对方知道自己的边界，还不破坏关系呢？这就是表达技巧的问题了。我们想象一个场景，同桌拿童童的东西，童童非常生气地责怪对方说：“你怎么这么讨厌！快还给我，要不我就告诉老师啦！”“再偷我的东西，小心我揍你！”这些语言，以“你”开头，再加上“讨厌”“偷”这样的负面标签，还有威胁的因素在，真是句句戳心。很明显，这种表达是失控的发泄行为，同桌不仅接收不到童童想表达的边界，反而会被激怒。这种表达完全无效。

因此，我们主张，当被人侵犯时，要勇于“表达愤怒”，但不要“愤怒地表达”。正确表达愤怒的方式是坚定严肃地说：“你不经过同意就随意拿走我的东西，我很生气。请你把东西还给我。”这里我们用到了“我”开头的句子，而且非常严肃而坚定地表达给对方，其意思是：我并不指责你，但你的这种行为让我感到生气，我有权利表达和捍卫。

对方听到这样的语言，感受到我们的情绪和坚定的信念，一般都会停止侵犯行为，与我们相处的边界也会越来越清晰。如果对方还想试探，那么就更加坚定地重复上面的话。不带攻击，也不退缩，温和而坚持地继续表达自己的边界。

最后，家长会问，怎么把这些教给孩子呢？让他们学会这些技巧，才能处理好类似问题。其实，家长能够尊重孩子的边界，不过多侵犯孩子，才能让孩子建立边界意识。这是长时间的影响。如果孩子现实已经遇到了这样的问题，家长可以通过示范表达和角色扮演引导孩子。

对话演练

孩子：妈妈，今天同桌又拿走我的铅笔了。

妈妈：是吗？他拿走你的铅笔，你的心里是什么感受？

孩子：我……我也不知道……反正就是不开心。

妈妈：妈妈告诉你，他不经过同意就随意拿走你的铅笔，我感到很生气。你有权利保护自己的东西，也有权利要求他还回铅笔。

孩子：可是，妈妈，他不给我。

妈妈：宝贝，你注意到妈妈刚刚怎样表达愤怒吗？来，没关系，妈妈教你，你明天也可以这样表达给他听。如果明天他再拿你的东西，你就像我这样，严肃认真地对他说："你不经过同意就拿走我的笔，我很生气。请你马上还给我。"来，跟妈妈说一遍。

孩子：你不经过同意就拿走我的笔，我很生气。请你马上还给我！

妈妈：不错，可以再坚定一点，保护你自己的东西，是你的权利。

孩子：你不经过同意就拿走我的笔，我很生气。请你马上还给我！

妈妈：嗯，更坚定一些了，很有威慑力。

孩子：可是，如果他还不还给我，怎么办呀？

妈妈：记住，这是你的权利。只要你严肃认真地重复这句话，一次比一次坚定，他会感受到的。如果实在不行，也不要害怕，别忘记向老师求助。

孩子：那我能不能直接告老师，让老师来收拾他？

妈妈：妈妈不认为这是最好的办法。你需要用自己的方式让他知道不能随便侵犯你的领地，现在不能，以后也不能。

孩子：那我能不能骂他或者揍他？

妈妈：你觉得呢？

孩子：我好像也打不过他……要是骂他，他肯定也会反过来骂我。

妈妈：是啊，他的行为让你愤怒，你有权利向他表达愤怒，但如果你只是愤怒地骂了他或者打了他，他感到不被尊重了，会回击你更大的愤怒。这样，你们两个就像两只发怒的狮子，本来的问题解决不了，矛盾还会升级。

孩子：好的妈妈，明天我就去试试看。你再陪我练几遍吧。

SEL 方法

遇到有人侵犯，要让孩子明白：同伴侵犯，需要表达愤怒，清晰边界，但却要以尊重的方式表达。妈妈引导做到三个步骤：

1. 替孩子表达情绪。妈妈先替孩子表达了心中的怒气，让孩子明白，当对方侵犯自己时，有权利表达愤怒。

2. 手把手教孩子如何表达。表达的方法不能只是说说，妈妈要一字一句地教给孩子，还包括表情、动作、神态、心里的感觉等，而且妈妈也要跟孩子反复练习。

3. 探讨不恰当的方法。通过和孩子探讨，让孩子明白其他方法为什么不恰当。孩子学会了具体做法，又理解了其中的含义，才会有意识地去运用。

这里，妈妈的示范作用很重要。妈妈帮孩子表达出内心不敢表达的情绪，是赋予孩子勇气的过程。当然，这是建立在共情的基础之上的。妈妈要注意的是，示范要恰当，不要过于夸大情绪反应，这反而会影响孩子认识和识别自己的情绪。

问题延伸

当然，也不要指望孩子教一次就学会了，这个过程也是反复练习的过程。甚至晚上练习得很好，第二天到了学校孩子仍然不敢表达，这都是正常现象。家长不需要责备孩子，而是允许他这么做。以后再发生问题，家长再和孩子一起练习。慢慢地，他们才会将这种表达方法内化成自己的行为。不知什么时候，可能孩子就会突然经历一次成功，进而不断复制下去。

不过也要提醒家长注意，很多孩子不会正确地表达情绪，是因为家长也不会表达。与孩子的沟通使用“你”开头的表达，孩子当然也不会表达。如果家长也经常练习以“我”开头的句子表达情绪和烦恼，用温和而坚定的语气告诉孩子自己的边界。言传身教，孩子与同伴也会建立边界感，减少被侵犯的可能。

问题 22：同学问我要一块钱，到底该不该给他？

在我们的社会与情绪技能课程上，有一节课叫“钱和物品不同”。最后总结时，一个孩子说道：“我们班有个同学，有一次我买饮料送给他，他说让我把找回来的一块钱也送给他。现在我知道了，原来钱和物品是不同的，不能当作礼物送给别人。”学校里经常会发生同学之间送钱的现象，孩子们之间为什么不能送钱？遇到这种现象家长可以怎样教育他呢？

【问题解析】

孩子们在学校遇到的事情真是千奇百怪，这些都属于人际关系问题。人际交往的本质在我看来就是“边界”和“交换”。上一节我们讲了边界的问题，这次我们从交换的角度谈一谈。人与人之间包括物与物的交换，也包括情与情的交换，当然也可以是情与物的交换。比如：两个朋友在生日时互送礼物，这是物与物的交换；平时你关心我，我爱护你，这是情与情的交换；你曾经帮助过我，我送点礼物表达心意，这是情与物的交换。通过这样的交换过程，双方获得心理的满足感，人际关系也就越来越紧密。

而钱呢？算是情，还是物？有人给钱下了定义：钱币是代表一般等价物的符号，它可以代表一切与这个符号等价的物品。也就是说，如果钱也可以随便送给朋友，那么就相当于送给了朋友“随意换取任何物品”的权利。这代表的可能就不简简单单是一份心意了。

朋友间的关系不在于等价，而在于有来有往。你送给我的东西和我送给你的情谊，没有具体的价值体现，是模糊的。但钱却是代表着具体价值的符号，看得见也衡量得清。一旦以钱为物品赠送，我们就不自觉地在心里有一个价值衡量，期待对方给予自己同等价值的回报。一旦感到价值不对等，心里就会产生落差，人际关系就可能出现危机。

随着物质生活的丰富，有人会将人际关系演化成等价互换的畸形关系。过年时你给我家孩子多少压岁钱，我也给你家多少；或者你需要我帮什么忙，我明码标价，一手交钱，一手办事。

这样，本来正常的人际关系就变成了等价交易，和关系中“交换”的意义完全不同。因此，作为家长和老师要试图理解这一点，并且帮孩子区分金钱与物品的不同，让孩子从小对金钱就建立敬畏之心，不要与其他物品混淆。比如：桌子上放了一个苹果，这是家长用自己的钱买来贡献给家人的，这是一种情谊的表达。孩子只要想吃，就可以随便吃。但是，如果桌子上放了10元钱，孩子也以为这是家庭公用的，拿起来就去花掉，这是不可以的。家长要严肃地告诉孩子，钱是属于爸爸妈妈的，和苹果不一样，不可以随意据为己有。同时，家长也要注意，不要将钱随意放在家里公共位置，这样容易让孩子混淆。

当然，还有一些家长深知钱是有特殊作用的。于是当孩子从家里拿钱时，会非常严厉地惩罚孩子，甚至产生深深的焦虑：我的孩子以后偷习惯了该怎么办？这种想法也有些过激。大多数孩子还是因为对钱的特殊性没有意识，混淆了钱与其他物品的性质。当孩子看到钱可以买自己想要的东西时，就像拿其他东西一样，随意拿去。

案例中那个要钱的孩子，其实也是这个问题。妈妈不给，就向同伴要，但实际他并不清楚钱与物品的区别。因此，发生这样的事情，要抓住机会告诉他钱是特殊的，它是属于个人的，既不可以随意赠送，也不可以随便拿别人的。如果需要零花钱，要和家长申请。而家长呢？因为孩子没有挣钱的能力，他们享有爸爸妈妈抚养的权利。家长要根据孩子的年龄、能力和具体情况给予孩子适当的零花钱。

对话演练

孩子：妈妈，今天我给豆豆买了一瓶饮料，找回来一块钱，他也让我给他。你说我该不该给他呢？

妈妈：那你觉得饮料和钱有什么不同之处吗？

孩子：我也不知道……哦，对，饮料是钱买来的，钱可以买很多东西。

妈妈：是啊，钱和物品是不同的。你和豆豆是朋友，送给他一瓶饮料传递的是你的情谊，可如果送钱，就不一样了。因为钱不是简单的物品，钱是属于个人的，需要尊重和珍惜，不能当作物品送来送去。

孩子：妈妈，我还是不懂……

妈妈：你还小，不明白钱的深层意义，但你只要知道，钱和物品不同，不能同等对待就好。

孩子：那妈妈为什么给我钱？

妈妈：这是因为你还没有自己挣钱的能力，妈妈在法律上具有抚养你的权利，你应该享有一定数量的零花钱。所以，妈妈爸爸会根据我们的实际情况，给你零花钱。可是，并不是要多少就给你多少，你买了什么还要告诉我们。你知道这是为什么吗？

孩子：知道，这是爸爸妈妈挣的钱，不是我自己挣的。

妈妈：对的。所以，只有爸爸妈妈给你的钱，你才可以接受，其他人给你，你也不能随便接受的。

孩子：可是，过年的时候，爷爷奶奶会给我压岁钱呀！你不是每次都让我接受吗？

妈妈：压岁钱是我们中国过年的习俗，而且压岁钱虽然说是给你的，但怎么花也是需要爸爸妈妈授权的，不是吗？它的数额比较大，和零花钱也不一样，不能任意支配。

孩子：妈妈，我明白了。那我给豆豆买饮料，可以吗？

妈妈：你牺牲了自己买东西的机会，买饮料给豆豆，一定是想表达情谊。既然零花钱给了你，就由你自己支配好了。如果你觉得送他饮料让你们两个都开心，好朋友更亲近了，妈妈当然会赞同的。只是，你需要告诉妈妈。

孩子：妈妈，我知道了。

SEL 方法

关于金钱的问题，家长要给孩子传递三个意思：

1. 钱与物品不同，需要尊重和珍惜，不可以随便赠送。虽然孩子比较小，我们不需要将更深层次的道理讲给他，但至少要严肃地传递这个信息，让孩子区分钱与物品。

2. 孩子有权利享受一定数量的零花钱，但因为金钱是属于爸爸妈妈的，要多少，怎么花，要与家长协商。

3. 零花钱与压岁钱是不同的。压岁钱是一种风俗习惯，因为数额比较大，如何支配需要由家长授权。

问题延伸

有些家长认为金钱很特殊，孩子可以要什么给买什么，但就是不给他。这也是错误的。因为金钱可以任意购买商品，它也代表着一种“支配权”。小学阶段的孩子开始从心理上与家长渐渐分离，表现出来的就是寻求“自主意识”。而“我有钱，可以买自己想要的东西”，恰恰满足了孩子的自我掌控感。因此，家长也要从这个时期开始，适当给予孩子一些零花钱，尽可能地允许他自己支配。这样，才能既锻炼孩子的金钱意识，又满足了孩子成长的需要。当然到底给多少，怎么给，怎么监管，这也需要家长和孩子多多讨论交流，在沟通中找到双方都能接受的方案。

问题 23：孩子好心办了坏事儿，该不该道歉？

小林是个善良的孩子，有一次主动帮女生打水，可不小心水壶掉到地上，打碎了。那个女生很伤心，向老师告了状。老师认为，水壶确实被打碎了，请小林给女生道歉。可小林认为自己没错，就是不道歉。最后老师把家长也请到学校，家长只好代替他道歉，并赔偿了水壶。家长感到很困惑，孩子好心办了坏事，到底要不要道歉呢?

【问题解析】

这是一件生活中很小的事情，但却引出一个重要的问题：道歉的意义到底是什么？大多数人可能会认为，做错事当然要道歉啦！那么，这件事中孩子的行为，如何界定？到底算不算做错事？如果说毕竟是孩子打碎了水壶，算做错事，那么以后还会有人愿意帮助他人吗？如果说不算做错事，那为什么一定要求孩子道歉呢?

在这段讨论中，我们始终停留在“判断行为是否错误”上，却没有考虑另一个问题：“道歉就一定说明做错了吗？”我认为，之所以会出现这个问题，是因为我们对道歉有一个错误的认识，就是“只要道歉就说明你做错了”，换句话说，“只有做错才需要道歉”。但大家不妨回忆一下，走在路上，不小心踩了朋友的鞋，我们会说：“对不起，踩到你了。”晚上给老师打去电话问问题，我们会主动说：“对不起，打扰您了。”就连上扶梯时，如果你比较着急，前面的人挡着路，你都要说一句：“对不起，我可以过去吗？”这些道歉，都是因为做错事了吗？

当然不是。因此，我给道歉重新设定了一个意义。当自己的行为影响了对方，有可能或真的令对方感受不好，为了表达自己的内疚，令对方（也包括自己）的感受不那么糟糕，使得关系向好的方向发展，我们需要说声“对不起”。因此，道歉不是因为做错，而是为了双方的感受和关系。

其实，生活中发生的很多摩擦、矛盾，没有多少是原则性的错误。除了违法乱纪、故意伤害的行为以外，对错误的界定没有客观的标准，只有主观的判断，是相对而言的。当某些行为令对方感受不好，对方就会觉得你做错了，要求道歉。出于对对方感受负责的考虑，我们是需要道歉的。仔细观察不难发现，孩子小的时候很善于道歉的。他们一旦感受到自己的行为让家长不高兴了，就会主动说“对不起，是我错了。”这样做其实他们是期待家长理解自己的行为，恢复亲子关系。但家长往往抓住孩子的道歉，给他们贴上一个“你的确是错了”的标签，对孩子进行批评和教育，甚至还有不合理的惩罚。这让孩子感到“我”这个人都被否定了。道歉非但没有让双方的感受和关系更好，反而上纲上线，痛苦加深。时间长了，孩子就不愿意主动道歉了。

前面案例中的小林本来是好心，但的确打碎了同学的水壶。如果不能让孩子理解到道歉的这层意义，他肯定不愿意“承认错误”的。因为一旦承认，就意味着自己这个人都不好了。本来好心却成了“错误”，那种委屈和挫败，真是一个孩子无法忍受的。这也是小林坚持不道歉的原因。

理解了这一点，解决这个问题的关键就是改变孩子的错误认知，帮助他重新理解道歉的意义。家长需要从两个角度去做：一个是把道理讲给孩子。当然不是单纯地讲大道理。家长可以用游戏或者故事的方式，告诉孩子道歉不是因为一定做错什么，道歉是为双方的感受和关系负责的行为。这是理性层面的教育。孩子改变了对错误的认识，就会比较有勇气去道歉了。另一个是做给孩子看。这一点特别重要也很难做到。家长要改变对孩子错误行为的反应，能以理性的状态理解孩子的错误行为，让孩子真实地感受到："我不是个错误，我的行为影响了父母的感受，我需要道歉。"

为什么说第二点很难做到呢？咱们想象一下案例的场景——家长说："宝贝，只要你能承认错误就是好孩子，我们不会说你的。"小林相信了家长的话，承认并道歉。于是家长继续说："你这么做可不对啊，以后给人家打水的时候要注意啊，小心一点。怎么你还哭个没完了？有什么可委屈的？水壶本来就是你打碎的，你不是都承认了？"

听到这里，体会一下小林的感受，的确，孩子感觉上当了。道歉的勇敢行为又一次被扣上了"错误"的帽子。本来小林没有做错，道个歉是为了解决问题，结果错还是被归结到了他的头上，委屈还不让哭。小林总结出来的经验是，以后可不能再主动道歉了，誓死也不能再低这个头。

因此，建立对道歉的新认识，光靠嘴巴讲道理是不够的，家长用实际行为让孩子感受到才可以。

对话演练

妈妈： 宝贝，今天学校发生的事情到底是怎么回事？你愿意跟妈妈讲一讲吗？

孩子： 我本来是想帮助丽丽打水的，可水壶掉在地上打碎了。可丽丽非说我打碎了她的水壶，给我告老师。老师让我道歉。可是我觉得我没有做错，为什么要道歉？

妈妈： 是啊，我也觉得你没有做错，让你道歉的时候，你是不是特别委屈？所以一直哭。

孩子： 是的，妈妈。我没有做错，凭什么让我道歉？

妈妈： 你觉得道歉就证明做错事，对吗？

孩子： 当然是啦！

妈妈： 那咱们想一想，平时还有什么时候，你听到过的，没有做错事，也说对不起。

孩子： 嗯……咱们上次赶路，您让路人给我们让路，就说对不起。

妈妈： 对，上次在地铁上，我打电话声音太大，有人提意见，我说了对不起。

孩子： 还有一次，你回来晚了，我进不去门，你回来跟我说对不起。

妈妈： 那你觉得这些时候的道歉都是因为做错了吗？

孩子： 好像也不是。好像是我们影响了别人，让别人不舒服了。

妈妈： 是啊！当我们的行为让对方感受不好时，为对方的感受负责，我们是有必要道歉的。

孩子： 妈妈，我知道了。今天我给丽丽打水，本来是好心，可水壶打碎了，丽丽的感受肯定不好，所以，才要道歉。

妈妈：那你觉得，丽丽的水壶被打碎时，她是什么感受？

孩子：她肯定很心疼，也害怕她爸爸妈妈骂她，还有可能喝不上水，特别生气。

妈妈：那你愿意为她的这些糟糕感受负责，用道歉帮助她的感受好起来吗？

孩子：本来不愿意，但现在我愿意了。因为我知道了，不是因为我做错才道歉，丽丽的感受不好，我应该用道歉帮助他好起来。

妈妈：那你觉得，具有什么品质的人才能主动去道歉呢？

孩子：我想想，对了。在社会与情绪技能课上学习过，我要有同理心，还得有勇气。

妈妈：妈妈再给你加一条，能主动道歉的人也是自信的人。他不会因为一个道歉就觉得自己是不好的，他会自信的为自己的行为和对方的感受负责。

孩子：妈妈，我知道了，我明天去主动道歉。

妈妈：妈妈也要向你道歉，今天在学校，我没有考虑到你的感受，坚持让你给丽丽道歉。我也希望通过我这个道歉，能帮助你的感受好起来。

SEL 方法

孩子对道歉有错误的认识，家长要做到：

1. 理解孩子的感受，区别行为和感受之间的关系。这个过程主要是处理孩子的情绪，帮助他们的理智脑回到工作状态。

2. 跟孩子探讨，是不是只有做错事才要道歉？用头脑风暴的方式，找到生活中没有做错事但仍需道歉的现象。这是在调动孩子的生活经验，帮助他们自主理解。

3. 体会对方的感受，探讨主动道歉需要具备的品质。让孩子学会站在对方的角度理解对方的感受，发展他们的同理心。同时，给予积极的定义，让孩子感受到，道歉并不是无能，主动道歉的人具有同理心、勇气和自信。

4. 主动示范向孩子道歉，让孩子亲身体验“妈妈是如何为自己的感受主动道歉的”。这种示范最有力量感，孩子会对道歉有更深的体会。

这几个步骤中，妈妈不是教育，而是引导。特别是她还主动向孩子道歉，亲身示范道歉的过程。孩子感受到“道歉不是因为错误，而是维护感情和关系的纽带”。最重要的是，当妈妈给道歉的人赋予了同理心、勇气和自信的品质时，道歉就成了力量的象征。

问题延伸

当然，我们今天讨论的是孩子好心办了坏事的情况，如果孩子真的做了比较恶劣的行为，伤害到对方或者物品，甚至故意违反校规法规，那就不是简单的道歉能解决的问题了。这就需要家长和孩子一起去承担相应的责任，做出行为予以弥补。

问题 24：孩子想当班干部，但不敢向老师表达，家长可以怎样帮助他？

欧阳今年小学三年级，平时认真努力，体育成绩也很突出。欧阳一直都特别想当体育委员，可就是不敢跟班主任老师讲。老师不知道孩子的想法，也就没有关注过他。孩子感到挺自卑。家长也不知道该怎么帮助他：直接去找老师吧，觉得这毕竟是孩子自己的事；不管吧，看到孩子难受，心里也不舒服。

【问题解析】

在中国的教育文化下，师生关系是很重要的人际关系。几千年来的文化传承让我们会不自觉地把老师放在神圣的位置上。一日为师终生为父，对待老师如同对待父母般敬重。孩子在这种关系中既受到老师的关爱，但也会因为害怕老师的权威而不敢轻易表达自己的想法和需求，与老师交流和沟通出现心理障碍，影响师生关系。

同样，因为这层沟通的障碍，也使得老师不能真实地了解孩子的想法。孩子不说，老师也不知道。更何况，一个班级几十个孩子，老师很难一一了解。有的家长代替孩子表达想当体委的需求，不知情的老师会想："这么小的事情还要家长来给我施压？"反而产生误会，老师对孩子和家长的印象都不好。

因此，作为家长既不能直接去管，也不能完全不管，关键是要教会孩子如何适度地向老师表达想法，达成自己的愿望。

怎么教呢？我认为角色扮演是个好办法。回想一下，你有没有遇到过第二天要去做一次重要的沟通，但却不知道该怎么说？比如跟老公谈谈夫妻矛盾，跟合作方谈判价格，跟朋友借钱等。这些事情在没有进行之前，心里往往是没底的。对结果的未知，让你的心里不禁升起焦虑、恐惧的情绪。为了缓解情绪，通常会做什么呢？对，做准备。有的人会反复预想明天要说什么话，对方如果回应 A，怎样应对；如果回应 B，又该怎样应对。把这个预想的过程和结果在脑子里反反复复重复多遍后，似乎对明天要发生的事情就有了一些掌控感，对所有可能的负面结果做好了应对的准备，焦虑恐惧的情绪就会减轻很多，第二天去做这件事时，也会增加更多的笃定与信心。

这个过程就是“角色扮演”。作为成人不需要把对话、表情、动作都表演出来，只要在大脑中反复想、反复练就可以。有的人确实没底，也会去问问身边的亲人和朋友，还可能有什么结果自己还没有想到？多准备几个答案，心里就会增加几分踏实。但孩子还不具备自己在大脑中完成“扮演”的能力，那么就需要家长帮助他，把即将经历的沟通过程用角色扮演的方式表演出来。欧阳不敢跟老师说他想当体育委员的事，如果家长和孩子扮演成老师和学生，针对可能发生的各种结果进行演练，孩子既能学会如何说如何做，又对可能的各种结果做好应对准备，心里多了掌控感，第二天成功的机率就会增加。即使是糟糕的结果，因为有了心理准备，也会更容易接受。

对话演练

孩子： 妈妈，我想当体育委员，你去跟老师说说吧。

妈妈： 宝贝，这是你的正当请求，你完全可以自己去跟老师说呀。

孩子： 可是，我害怕……上次有同学跟老师说没写作业，老师就很生气地批评了他。

妈妈： 哦，原来你是担心被老师拒绝呀！这也有可能，但事情不同，时间不同，老师的心情也不同，当然你去说的时候，结果也有可能不同。你不去试，我们谁也不知道会发生什么结果。

孩子： 可是……

妈妈： 这样吧，咱们来个角色扮演，我扮演老师，你就是你自己。我们先提前演练一次，看看明天去说可能会发生什么，做好准备，心里就不那么恐惧了。

孩子： 行，可我不知道怎么说。

妈妈： 你先想一想，明天什么时候，去哪里，在什么情况下跟老师说，成功率会比较高？

孩子： 我得去老师办公室里说，还要找一个不是语文课的课间，这样老师不着急去上课，就能听我说话。不过，我也要看看，最好是老师心情好的时候去。

妈妈： 好。接下来再想想，怎么说会让老师感到很舒服？

孩子： 我先问老师好，然后说："老师，我的体育成绩不错，我也会喊队，我想当班级里的体育委员，您觉得我可以吗？"

妈妈： 那你觉得，当你这样说完了，老师会有什么反应？

孩子： 老师会不会不理我？或者不同意？

妈妈：你说的都有可能，不过也有可能老师通过你的表达知道了你的想法，而他也正准备找个新体育委员没有人选呢。

孩子：那到底会怎样？

妈妈：我们刚刚想了三种结果：第一，不理你，直接让你回去上课；第二，干脆告诉你不行，已经有体育委员了；第三，正好缺个体育委员，答应你来做。这三个结果都有可能。来，我们一个一个扮演一遍，妈妈会用不同的语气和状态回应你，你想一下，每种回应你怎么应对，好吗？

孩子：好……妈妈刚才咱们扮演了一下，我觉得最好的结果是老师答应了，我也会很高兴；最坏的结果是，老师很心烦，根本不理我，就着急去做别的事了。反正我现在也不是体育委员，大不了就继续不是呗，同学们又没有看见我出丑，好像也没什么。

妈妈：好啊！你把最好和最坏的结果都预想好了，还怕什么呢？明天把你的勇气拿出来，找个机会跟老师表达一下。不管什么结果，妈妈都给你加油哦！

沟通前的亲子角色扮演可以这样做：

1. 梳理清问题是什么。帮孩子捋清想要表达和沟通的问题，有利于沟通的实效性。

2. 选择沟通的时机。让孩子预想好，什么时间、什么地点，在老师什么情绪状态下去沟通是比较容易成功的，这会帮助孩子学会观察环境，选择时机，提高沟通的成功率。

3. 演练具体语言。实实在在地对要说的话进行演练，这样可以帮助孩子组织好语言，避免因为紧张而语无伦次，沟通失败。同时，沟通既要表达需求，也要对老师表达尊重。即使沟通失败，但尊重的沟通也会给老师留下良好印象。

4. 预设多种结果。正向和负向结果都是有可能产生的。孩子的预设越丰富，遭受打击的可能就会越低，即使是最糟糕的结果，只要孩子做好准备，也是可以接受的。

这个过程，家长看似管了，其实又没管。管，是用角色扮演的方式帮孩子预设明天谈话的过程和结果，教给孩子如何选择时间、场合、机会，用什么语言表达……这些沟通技能都是实实在在的，具体可操作的。因为是演练，又不担心失败，直到找到适当的沟通方法。不管呢？家长并没有代替孩子去找老师，而是鼓励他自己去建立和维护师生关系。第二天不管结果如何，这都是孩子主动与老师在连接，老师也不会因为家长的介入反感孩子。

问题延伸

这里有一种错误的引导方式要提醒家长。尽量不要为了鼓励孩子去沟通，就忽视了沟通失败的可能。有的家长会说："宝贝，去吧。只要你勇敢的沟通，老师一定会答应你的。"试想，如果第二天的沟通失败了呢？孩子的心里会产生什么想法？"我怎么这么笨，妈妈说老师一定会答应的。""妈妈是个骗子，以后再也不相信妈妈的话了。""老师怎么这么坏？他凭什么就不答应我呢？"这些糟糕的想法都会引发孩子更加糟糕的情绪。

当然，也有可能在角色扮演之后，孩子说："妈妈，我还是不敢去找老师，我觉得老师一定不会答应我的。我想放弃沟通。"这也是很正常的。家长不用担心，我认为这也是孩子在角色扮演后，评估自己的能力做出的负责任的选择，值得尊重。但角色扮演的方法他已经学会了，以后再遇到沟通困难，他会自己进行角色扮演练习，说不准什么时候就会有成功的体验。

不仅仅是师生关系，很多问题都可以用角色扮演的方法，而且角色扮演也不局限于家长和孩子的扮演，用玩具编故事，孩子自言自语，或者家长和孩子讨论，甚至在脑海里反复想象……都能起到角色扮演的作用。

问题 25：孩子跑步最后一名，如何在失败中依然鼓励孩子？

一位家长说，她在家里一直努力实践社会与情绪技能，越来越能够观察发现孩子的长处，鼓励孩子了，和孩子的亲子关系也越来越好。可今天，孩子参加跑步比赛，意外地得了最后一名。孩子沮丧极了，认为自己太糟糕了。家长知道他确实没有跑好，想鼓励却又怕孩子感到太虚假。看着痛苦的孩子，整个家庭都笼罩在郁闷的情绪之中。家长不知道，在孩子失败的时候，该怎样鼓励孩子呢？

【问题解析】

一般来讲，孩子容易获得赞美和鼓励的时候，是在获得良好结果的时候，至少结果不那么糟糕。但上面的家长遇到的问题是，孩子的跑步成绩确实太差了，孩子自己都知道，即使夸奖他，也显得特别苍白无力，孩子也不会真的相信。这种情况也不仅仅在跑步上。很多家长，特别是学习困难学生的家长都会有同样的困惑：我的孩子学习成绩真的不优秀，任务完成得也不漂亮，甚至并不是很努力，我怎么通过鼓励给他赋能，让他们也能获得自信，取得进步呢？

我认为，真正的鼓励不是赞美，而是“看见”和“赋意”。失败中的孩子之所以会感到无比沮丧，主要因为他们认为别人不会关注一个失败的人，即使关注也是嘲笑。这种想法会激发他们产生深深的无能感和自卑感。即使是看起来无所谓的孩子，那也只是行为上不想把这一点脆弱和痛苦表现出来而已。这时，孩子不需要虚假的表扬，也不需要空洞的激励，他们需要被看见，更需要有人帮助他们找到失败的意义和价值，这样才能重获自信。

先说说被看见。每个人都需要被他人看见，这也是我们经常说的“刷存在感”。有的人看见的是结果，有的人看见的是过程。就好比体育比赛，有的观众不用去现场观看，只要知道结果就可以评头论足；有的观众却要千里迢迢去到现场，和运动员一起经历比赛的过程。试问，哪一种观众的行为可以给运动员以鼓励？哪种观众有可能让运动员超水平发挥，创造更好的成绩？不言而喻，关注过程的观众更加有力量。同样的道理，孩子做的每一件事都是希望被看见的。如果家长只把结果作为鼓励的条件，做得好就被看见，做得不好就看不见，或者遭到批评，孩子会感觉到，妈妈看见的只是结果，而不是“我”。

如果，家长关注的是孩子行为的过程，即使失败，过程中的每个细节也都在父母的眼里，孩子才能感受到父母关注的是“我”，“我”的一切都在他们眼中。前面案例中的孩子虽然失败了，但毕竟经历了整个跑步的过程。家长不用评价性的语言，而用客观描述的方式给予孩子反馈，会是什么感觉呢？“妈妈观察到，你从一开枪就起跑，跑在前段的时候，一直保持着有节奏的呼吸，眼睛时而看地上，时而看前面；后半段，腿有点迈不开了，离地面越来越近，但低着头还是在继续跑着。”这样的话语只有描述，而且很细致，反映出妈妈对孩子过程的关注。没有评价，会让孩子感到，成功与失败并不重要，妈妈看到了“我”的一切。“我”是值得被看到的，“我”是存在的。

接着说说“赋意”。“赋意”按字面意思说就是“赋予意义”。每个人做任何事都是需要获得意义感的。如果成功了，这个好的结果就是意义；如果失败了呢？它的意义在哪里？有人把成功当作唯一的意义，一旦不能成功，就感到一切失去了意义，自己毫无价值。失败的人会难过和沮丧，主要是因为找不到这件事的意义了。如果家长擅长从孩子的任何行为中帮他寻找意义，给行为甚至是失败赋予新的意义，孩子相信意义的存在，就会拥有继续努力的动力。这也就是“失败是成功之母”的原因。从失败中寻找到成功的意义，才有可能走向下一次的成功。

这让我想到，小时候运动会上的口号：友谊第一，比赛第二。这就是在给残酷的比赛赋予精神层面的意义，让那些失败者也不会过于沮丧。上面案例中，从结果看，孩子的确失败了。那么这个失败对孩子有意义吗？过程中有没有意义可挖掘呢？如果妈妈事后和孩子探讨：“这次失败，看起来的确很糟糕。但妈妈在给你加油的时候，还是被你从头到尾的坚持所打动了。”这样的话语，从妈妈的感受层面入手，没有刻意恭维，却让孩子将跑步的意义从“追求第一”迁移到“坚持到最后”。

对话演练

孩子：妈妈，我这次跑步是倒数第一，我足足比第一名落下一圈。我是不是完蛋了？

妈妈：嗯，的确是够糟糕的，这下你一定感觉自己一无是处，跑步再也没有希望了。

孩子：嗯，我想哭了……

妈妈：看见你跑在最后，我也特别沮丧。我特别观察了一下，发现你从一开枪就起跑，在前段的时候，一直保持着有节奏的呼吸，眼睛时而看地上，时而看前面；后半段，腿有点迈不开了，离地面越来越近，但低着头还是再继续跑着，直到终点才停下来。

孩子：妈妈，原来你一直在看我呀。我以为你也觉得我完蛋了呢。

妈妈：当然看着你了。我的眼睛一直都在你的身上，你知道吗，在给你加油的时候，你在最后一名，但还是从头到尾地坚持下来了，这深深地打动了我。我一直在想，要是把我放在你的位置上，我能不能做到呢？

孩子：可是这有什么用？

妈妈：这个坚持可能在跑步比赛中不能帮你成功，但在学习或者以后的任何事情上都有重要的意义。不能坚持的人，什么事都做不成。所有成功的人，至少都是个耐得住失败，一直坚持的人。

孩子： 原来是这样啊！妈妈我知道了，下次我还坚持，不管成功还是失败。

妈妈： 嗯嗯，在妈妈眼里，坚持比成功更重要。

SEL 方法

面对失败的孩子，可以这样鼓励他：

1. 认同和理解感受。孩子此时此刻心里一定很难受，妈妈要理解他的感受，允许他表达挫败感。千万不要对孩子说："没什么好挫败的，继续加油！"这样的话不是鼓励，反而会让孩子感到"我的挫败也是错误的"，增加挫败感。

2. 描述细节。妈妈要真实描述孩子在过程中的细节，尽量不用评价性的词语。描述得越细致，孩子越能够感受到妈妈的关注。同时这种描述还在帮孩子回忆过程，从中汲取经验。

3. 呈现新的意义。妈妈在认同结果的基础上，用自己的感受表达出这件事新的意义和价值。让孩子看到，任何一件事都是"塞翁失马"，有得也有失。看到新的意义所在，孩子就会重新获得能力感，也会更加朝着这个方向努力了。

"看见"和"赋意"，这样的鼓励不空洞，不做作，妈妈的详细描述和真情表达，让孩子看到自己的价值，感受到温暖，同时也明确了努力的方向。

问题延伸

说起来容易做起来难，真正做到"看见"和"赋意"并不容易。毕竟家长自己就是在关注结果的评价中长大的。家长要具有"看见孩子”的能力，也要多学习，多思考，建立多元化思维，才有更多视角寻找意义。

家长可以和自己练习，尝试用描述细节的方式讲话，给自己做的事情赋予积极的意义。即使失败，也从中挖掘出亮点，让自己获得鼓励。慢慢地，您的思维方式就会发生变化，观察孩子的视角也就大不相同了。

第七章　社会与情绪技能
——教孩子学会与环境合作

法国哲学家让－保罗·萨特曾写道："我们人类，首先存在于环境之中，我们不能脱离环境，环境塑造了我们，决定了我们的可能性。"可见，环境和每个个体是相互依存，互相促进的。这里的环境即自然环境、人际环境和社会文化环境。这一章，我们重点说说如何教孩子学会与人际环境合作。

从演化心理学的角度上说，人类是一种群居的生物，其本质就是期待能够和他人在一起，能够与他人进行互动与交流。在原始社会，原始人只有与他人在一起，相互帮助才能存活下来。随着社会化的不断发展，人际环境从简单的群体环境，逐渐分化成家庭环境、同伴环境和社会环境。孩子从小在家庭中成长，与父母的互动教会他人际交往的基本技能，家庭可以看作是孩子学习与人相处的练兵场。随着年龄的增长，孩子开始走进学校，与更多同伴相处。在这些同伴的群体中，孩子会遇到更多的人际问题，扩大了他们对人际关系的认知，也从一次次解决问题中总结更多的经验。社会中的人际关系是更为复杂的，在家庭和同伴间积累的人际经验越丰富，孩子越容易坦然地走向社会。18 岁以后，孩子不再被家庭庇护，带着在练兵场里学到的十八般武艺走进社会，即将开始在真实"战场"的战斗。过程中有幸福，也有迷茫，有挫折，也有成功的喜悦，一切人际体验，都使得孩子的生命力向更大的空间伸展。他们努力为更多的人贡献自己，也从广阔的世界中获得滋养，体会自我实现的价值感。

这里我想讲几个重要概念，希望家长朋友可以理解，这样才能更好地帮助孩子完成与环境合作的过程。

人际边界。人与人的边界感是进入更大环境的必要基础。就像一个村子里的各家各户，首先要修好自己的院子，再讲交流互通，才更有安全感和互惠互利的可能。如果家家户户都没有属于自己的空间，互相侵入混乱不堪，又怎能建立正常的关系呢？人际边界也同样，这是人与人互相尊重的基础。所以，家长不要认为好的人际关系就是没有冲突、一片和谐。孩子建立自我边界的过程中一定会与人发生冲突，与其教他逃避冲突，不如教他尊重自己和他人的情绪，在情绪互动中孩子才能逐渐清晰自己和他人的心理边界。

合作与共赢。个体心理学家阿德勒认为：人类的一切努力都是为了合作，合作有助于个体依赖社会群体，获得经验和成长；同时也为社会群体的发展贡献力量。个人的缺点和限制决定了他不可能独自实现目标，建立与他人或者团体一致的目标，并为之共同努力，才能创造更大的社会价值。因此，合作是人类通往社会化的必经之路。共赢是合作期待达成的结果。孩子与家庭成员，与同伴，与社会中的每个人甚至是陌生人，都需要带着共赢的期待展开合作。当然，共赢的含义也不仅仅是结果和利益上的。比如妈妈和孩子发生争吵，妈妈出于对孩子的爱，最后做出了让步。作为家长真的输了吗？其实，从共赢的角度看，家长让步不代表失败，他赢得的是与孩子的亲子关系，赢得的是让孩子感受到了妈妈的爱，这是精神层面的赢。有了和谐的亲子关系，才可能与孩子展开更多的合作。

环境适应。有句话说“人定胜天”，但仔细想想，人类何时又真正能够战胜环境呢？反之，如果我们更多地了解环境，尊重环境，适应环境，反而可以和谐地与环境相处。人际环境也是如此。随着年龄的增长，环境的扩大，孩子们不断体会着自我能力的弱小，在与人合作的过程中，也不断感受到集体的力量。因此，教给孩子与环境适应，比强调他的个人能力更为重要。当然，环境不是一成不变的，孩子也不能以失去自我为代价，那么就需要家长有更为强大的社会与情绪能力，帮助孩子在当下评估自我、分析环境、做出灵活的适应环境的决定。这样孩子才能慢慢学会让自我和环境和谐相处，在任何环境中都能找到自己存在的价值和意义。

社会道德规范。我们鼓励建立孩子的人际边界，学会与人合作，灵活适应社会环境，都是期望他们成为一个具有良好道德品质的社会人。不仅可以给社会做出更多的贡献，还是一个拥有高尚德行的人。这是教育的最终目标，但前面需要很多阶梯一步一个台阶地实现。希望家长朋友能从关注孩子的情绪情感开始，沿着本书的逻辑，慢慢引导孩子走向这个目标。切不可心急，也不要仅依靠说教。孩子的成长是漫长的，过程中的经历才是他们的人生资本。

接下来，我将就家庭观念、同伴矛盾和社会规则几个实际问题，给家长做细致的分析和说明，也同样会提供具体可行的方法，供家长与孩子共学。

问题 26：爸妈教育理念不一致，孩子钻空子怎么办?

一位妈妈反映说：因为家庭成员教育理念不一致，导致教育孩子的难度增加。妈妈学习了新的教育理念，想多给孩子一些理解和支持；可爸爸却不能忍受孩子的不良行为，一点都不配合新的教育方法，动不动就批评教育，甚至大吼大叫。妈妈希望，要是孩子的爸爸、爷爷奶奶都能来学习就好了。

还有妈妈叫苦：因为家庭成员的教育理念不一致，孩子有了很多钻空子的机会。在爸爸那里挨骂，就来找妈妈救援；奶奶管得太严，就来找妈妈蒙混过关；看见妈妈和颜悦色，就提出不合理要求，一不满足，就闹脾气，动不动就反过来批评妈妈："你不是学习了新的教育方法吗？怎么还做不好？"妈妈感到深深的挫败感："为什么我越学习，却感到教育越来越难了呢？我对孩子如此尽心，他为什么反而更钻空子了呢？"

【问题解析】

特别理解妈妈的心情。妈妈学习了新的教育理念和方法，希望家庭环境变得更好，孩子能够在好的教育环境中获得滋养和成长。但从妈妈的反映看，事情不仅没有按照期待的方向发展，好像还出现了更多的问题。到底要不要全家统一教育方法呢？是不是把其他家庭成员也拉去学习，才是解决问题的正确方法呢？

我们先来做个形象的比喻。假如爸爸妈妈分别是两块钟表，妈妈的表快5分钟，爸爸的表慢5分钟。如果把爸爸妈妈的两块钟表放在一起同时出现，孩子看了肯定感到糊涂：我到底是看妈妈的，还是看爸爸的？到底哪块是正确的时间？此时，本能会让孩子做出最有利的选择：该写作业了，看爸爸慢的那块，时间还不到呢，再等等；游戏时间，看妈妈快的那块，早点出去玩，少写5分钟作业。这样，就给了孩子钻空子的机会。谁对自己最有利，就听谁的话。正如前面案例中说到的，孩子在爸爸那里挨骂，就来找妈妈救援；奶奶管得太严，就来找妈妈蒙混过关。最后，学习了新的教育理念的妈妈成了孩子的挡箭牌。妈妈会责怪，孩子怎么这么不懂事，竟然学会了钻空子。其实，这并不是孩子的问题，而是家庭环境出现了问题。“两块表”的环境给孩子创造了不稳定的因素，他的注意力从“按照现有时间做事”转移到了“判断哪个时间对自己有好处”，孩子因此学会了投机。

再讲一个现实场景：孩子今天在学校被老师留下补作业，爸爸用粗暴的方式斥责了孩子。孩子知道妈妈不赞同爸爸的方法，会把妈妈拉出来做裁判。妈妈因为学习过新的教育理念，一定会说爸爸做得不对，不应该太粗暴。孩子此时大可不用反思自己的过错，倚靠在妈妈的臂弯中，享受救星的救援行动。他觉得，妈妈都批评爸爸了，那爸爸的话以后也不用在意了。爸爸呢，肯定更生气，他不仅生孩子犯错的气，更是感觉到自己的权威被挑战，不仅管不了自己的孩子，还要被妈妈批评。接下来会发生什么，估计大家都可以想象到。这就是两块表同时出现的问题，也是前面案例中妈妈的困惑之处。

于是妈妈认为，这现象是家庭教育不统一造成的。于是，很多妈妈呼吁全家都来学习，全家统一教育思想就不会打架了。我们暂且不说能不能统一了，也不说每个人都有尊重自己想法的权利。就算全家统一了教育行为，都不打不骂，和颜悦色，对孩子的成长就一定有好处吗？我的答案是否定的。其实，家庭环境是孩子今后走进社会环境的预演，真实的社会不会刻意给孩子营造完全统一的环境，更不会处处呵护他，不让他经历任何挫折。恰恰相反，是多变和坎坷，是和各种人打交道，这才是真相。与不同的人说不同的话，这是进入社会非常重要的与人交往的能力。因此，爸爸妈妈乃至爷爷奶奶的教育方法不一致，正是给孩子提供了练习与人相处的机会。面对不同的人有不同的相处模式，孩子的适应力才会更强。

说到这里，家长朋友一定糊涂了。教育方法统一不利于孩子适应社会；不统一，又会让孩子在“两块表”的环境中学会投机和钻空子。那到底该怎么做呢？

大家不要急，我推荐的家庭环境是，家庭成员可以有不同教育方法的互相补充，但又尽量不要让“两块表”同时出现在孩子面前。孩子在每件事上，都与一个人单独相处，不管是爸爸的严厉，还是妈妈的和善，孩子会选择单一的模式处理问题，把注意力集中在解决问题上。

如果是爸爸在教育孩子，妈妈就暂时回避。孩子被爸爸骂哭了，妈妈需要单独给予安慰，但不要对爸爸的教育方法做评价。爸爸妈妈这“两块表”各不相同，但是分别出现。其实哪块表的时间是对的，也不那么重要了。重要的是，孩子可以根据当时看到的那一块表的时间来决定自己的行为。和爸爸在一起，从爸爸的严格中学会妥协、严谨和认真；孩子和妈妈在一起，又能感受到妈妈的关怀和疼爱，内心情感重新获得滋养，同时也从妈妈那里学会了爱。因为没有“两块表”的比较，孩子也就不会寻找钻空子的机会，更专注于面对眼前的问题，找到适合的方法去解决。在这个过程中，孩子学会的是适应不同的环境，用不同的方式与不同的人相处。

接下来我们还以那个被老师留下来的孩子为例。假设爸爸在训斥孩子的时候，妈妈并没有参与。孩子被爸爸训斥后，感到很伤心。但还是哭着答应爸爸，以后会完成好课堂作业，不再被老师留下。等爸爸发完脾气，孩子哭着来找妈妈。我们尝试角色扮演，在“两块表”不同时出现时，妈妈如何教孩子学会适应爸爸的教育方法，增强孩子适应环境的能力。

对话演练

孩子：妈妈，爸爸骂我……呜呜……

妈妈：宝贝，你能跟妈妈说说，爸爸为什么骂你吗？

孩子：因为我今天被老师留下了，爸爸去接我，等了一个小时，还被交警罚款了。

妈妈：哦，看来爸爸今天真是攒了一肚子的气呢。他这么骂你，是不是让你很伤心啊？来，妈妈抱抱，在妈妈怀里想哭多久哭多久哈！

孩子：妈妈，爸爸骂我的时候，你怎么不来？你说说他，他不该这样骂我的。

妈妈：妈妈听到爸爸骂你了，但这是你和爸爸之间的问题，需要你们两个自己解决。妈妈理解你的伤心，也理解爸爸的生气，所以只好在旁边陪伴着你们，我相信，你们父子俩一定能找到方法解决的。

孩子：可是，爸爸不像你那么爱我。

妈妈：这你可错怪爸爸了。爸爸有爸爸的教育方式，妈妈有妈妈的，但你是我们俩唯一的孩子，没有人比我们更爱你了。你爸爸不管刮风下雨都坚持去接你，这是他表达爱你的方式，只是和妈妈的不一样而已。

孩子：可是，他也不应该骂我呀！

妈妈：爸爸确实生气过度了，那你在这件事上有需要负责的地方吗？

孩子：好像也有，我没有写完作业被老师留下了。

妈妈：是呀，看来爸爸骂你也有一定道理，你知道下次怎样做了吗？

孩子：妈妈，我知道啦！今天晚上吃什么饭呀？我想在饭桌上给爸爸道歉。

妈妈：这个主意不错。吃饭的时候，爸爸的气也消了不少了。他应该可以接受你的道歉。要是他还忍不住教育你几句，你就认真听着，爸爸会感受到你的诚意的。

孩子：明白了，妈妈。

爸爸训斥了孩子，妈妈可以做四个步骤：

1. 接纳爸爸与自己的教育理念不同，不参与爸爸和孩子的互动。即使很糟糕，也尽量平静地等待。

2. 同时与孩子和爸爸共情。妈妈作为第三方，不需要评判对错，只需要同时共情。既理解孩子的伤心，也理解爸爸的生气。这样孩子才会感到公平，妈妈才不会成为孩子可利用的盾牌。

3. 传达爱的信息。爸爸发怒的时候，孩子很难感受到爸爸的爱。作为妈妈，需要在事后把爸爸的爱传递给孩子，让孩子知道，爸爸的行为与对孩子的爱是两回事。慢慢地，无论以后爸爸怎么发脾气，在孩子心里，他都知道，这只是爸爸表达爱的一种方式。

4. 引导修复关系。当孩子的情绪得到缓解后，妈妈还要尝试与孩子分析问题，鼓励孩子主动寻求与爸爸修复的方式。爸爸呢？孩子主动道歉了，那还有什么不可原谅的呢？

孩子在这个过程中，与爸爸和妈妈分别互动，既学会了向权威妥协，又得到了爱的拥抱。他不用思考怎么钻空子，而要思考怎么面对眼前这个人，怎么解决问题。

问题延伸

当然，妈妈也需要一直做“幕后调解员”。如果你认为爸爸的行为确实伤害了孩子，也可以避过孩子单独和爸爸谈谈。切忌当着孩子的面指出爸爸的问题。妈妈不是因为自己学了点先进理念就随意评判和管控爸爸，而是用社会与情绪能力促进爸爸和孩子的关系，帮助他们互相理解，找到解决问题的方法。时间长了，爸爸的感受好了，也看到了妈妈在教育孩子问题上的优势和智慧，他就会带着好奇主动来询问：“你到底在学习什么？”到时候你再邀请他一起学习，爸爸才会心服口服。

总而言之，我们认为，父母的教育理念不一致不是问题，而是机会。家长要学会利用这种不同，教给孩子如何适应环境，如何从多元的环境中找到生存的方式。

问题 27：妈妈忍不住又吼了孩子，过后很内疚，应该怎样与孩子修复关系呢？

一位妈妈带着深深的内疚和自责讲述了与孩子发生的一件事：那天妈妈加班到很晚，10 点多了，拖着疲惫的身体回到家，本想孩子已经睡觉了，自己也赶紧躺下。可没想到小学四年级的儿子还在写作业。妈妈开始唠唠叨叨地催促孩子快点写作业。儿子呢？听了妈妈的催促，也很不耐烦，张嘴一句："不用你管我！你自己还不回家呢！"这下，妈妈的情绪瞬间爆发了，毫无顾忌地大吼大骂，直到儿子哭着睡觉，已是深夜快 12 点了。妈妈躺在床上，回想着刚刚发生的一切，心里内疚不已。她经常参加各种家长培训班，学习了一些育儿知识，认为好脾气的妈妈才能带出好孩子。为了成为好妈妈，她每天尽量克制自己的情绪，孩子犯了错也尽量好好跟他说。可这次……她实在没有忍住。妈妈特别担心自己的行为给孩子的心理造成伤害，内疚和自责充满了她的内心。

【问题解析】

这样的妈妈首先特别值得尊敬，她们努力学习育儿知识，就是为了创建和谐的亲子关系，成为教科书里写的那种好妈妈。可是情绪总是那么不听话，尽管妈妈已经尽力压抑它，对孩子表现得温柔包容，但它却还是会使得妈妈的内心充满惊涛骇浪。一不小心按捺不住，就如同狂风暴雨一样一股脑倾泻出来。等情绪宣泄完毕，妈妈又陷入深深的挫败感：“我都学习了这么多知识，还这样对孩子。我就是个坏妈妈，我简直太糟糕了，周围的人一定会嘲笑我……”无数糟糕的想法卷带着情绪再次冒出来，心情低落到谷底。

还有的妈妈为了消除自责内疚的情绪，认为道歉可以弥补孩子“受伤的心灵”。于是，不管事情是非对错，妈妈都会在宣泄完情绪后主动跟孩子低头道歉，请孩子原谅自己的坏情绪，甚至还尽力满足孩子的需求，希望得到原谅。可过不了多久，依然如此，循环往复。

面对这种现象，我们需要讨论两个问题：一个是，一个好妈妈就是不发脾气的妈妈吗？发了脾气的妈妈就一定会给孩子的心灵带来伤害吗？另一个是，道歉真的可以重新修复亲子关系吗？

首先，我们认为妈妈的这种心理是“自恋”。心理学的自恋和大众理解的意义不同。心理学所说的“自恋”指的是过度夸大自己的作用。妈妈认为，我和善不发脾气，孩子就会好；如果我发脾气吼了孩子，孩子就一定会被伤害。这种“任何结果都因我而来”的想法就是自恋的想法。这种自恋会促使家长把“真实的情感”掩藏起来，带着伪装的和善与孩子互动。妈妈以为这样可以减少对孩子的伤害，装着和颜悦色，但心里却波涛汹涌。我想提醒妈妈的是，伪装的永远都是假的，即使装得再像，那个和你心灵相通的孩子依然能够感受到。关键是，孩子感受到的与看见的不一致，他们心里反而会产生深深的不踏实感。

从孩子的角度看，孩子根本没有成人想象的那么脆弱。孩子是一个独立的个体，从嗷嗷待哺的小婴儿成长到案例中 10 岁的孩子，他会发展出很多适应外部环境和保护自己的机制。在和家长互动的过程中，他们有个重要的研究课题，就是：妈妈什么时候发火，爸爸什么时候高兴，可以向谁提要求，在谁面前要乖乖听话……把爸爸妈妈研究明白，才能具有与更多人相处的能力。等未来走向社会与更多人交往，就能游刃有余地应对了。

就拿这个案例来说，家长加班身体很疲惫，有情绪是真实的状态。孩子作业写不完，心烦顶嘴，也是真实的情绪表达。虽然情绪令亲子间发生了激烈的冲突，但事后，孩子也会去思考："妈妈为什么这么生气？妈妈身体很累的时候就没有办法包容我的坏情绪了，所以，下次妈妈累的时候，我最好还是老实一点吧。"这样，孩子就找到了妈妈的边界：第一，晚上 10 点还写不完作业是不行的；第二，妈妈工作很累的时候，最好听话一点。

孩子在这次冲突中总结了与妈妈相处的经验，再遇到妈妈的坏脾气也能够有备无患了。这就是挫折事件带给他的成长。而妈妈也尽情释放了自己的情绪垃圾，至少接下来的几天，可以轻松地面对生活和工作了。因此，我们认为，有冲突不一定就是坏事，这是一种真实的生活再现，妈妈不需要为冲突感到过于内疚和自责。

心理学家温尼科特曾提出"good enough mother"概念，我国著名的精神分析师曾奇峰将他翻译成"刚刚好的妈妈"，也有人翻译为"60 分妈妈"。也就是说，妈妈不需要完美，60 分即可。剩下的 40 分做得不够好，但却可以给孩子创造体验挫折、积累经验的机会。如果妈妈陷入"自恋"的想象，追求完美，不接受现实，认为孩子的一切都是妈妈造成的，那么反而剥夺了孩子成长的机会。

不仅如此，妈妈事后深深的自责还会给孩子造成更大的心理压力。小一点的孩子会认为是自己不好，让妈妈如此痛苦。如果妈妈总是道歉，有些孩子会利用妈妈的自责获得想要的利益，不仅不反思行为，有可能还会重复错误行为，甚至形成“激怒妈妈——妈妈道歉——满足需求”的恶性循环。

理解了这一点，我们再说说，妈妈有情绪到底怎么办呢？我们认为，首先，如果真的有情绪，真实的总比伪装的强。妈妈不是圣人，不可能做到时时刻刻包容孩子，那么就真实地表达情绪。即使亲子双方当下痛苦，也好于伪装带给孩子的不确定感。特别是原来发脾气，后来突然不发脾气的家长，孩子在突如其来的变化中找不到妈妈原来的样子，失去了熟悉的那个妈妈，会变得更加紧张和焦虑。

其次，真实表达情绪后，妈妈不需要内疚和自责，也不需要事事都给孩子道歉。接纳自己的真实状态，相信这种真实也会让孩子有收获的。古话讲“不打不成材”，这也不无道理。妈妈需要做的是，和孩子一起复盘那件糟糕的亲子冲突事件，双方共同回忆事件发生的过程，描述事件发生时自己的情绪和身体状态，同时，讨论以后如何避免其再次发生。这是帮助妈妈和孩子一起用“理智脑”审视“情绪脑”的过程，我们以案例中的冲突为例，说说如何在事后复盘，让亲子双方修复关系并获得成长。

对话演练

妈妈：宝贝，回家啦！如果作业不多，咱们两个先讨论一下昨天晚上发生的事情，好吗？

孩子：嗯，妈妈。昨天是我做得不对，对不起。

妈妈：你不需要先道歉。咱们回忆一下，昨天的事情到底是怎么发生的？

孩子：您很晚才下班回家，我因为之前玩了一会儿，过了10点还没写完作业。于是，您就骂我，我还跟您顶嘴。

妈妈：是，我昨天在单位加班，疲惫得不得了。本以为回到家你已经睡了，我就可以赶紧躺下了。可没想到，你的作业还没写完，于是情绪就控制不住了，一股脑地发给了你。

孩子：我没写完作业其实也特别心烦，而且困得眼睛都睁不开了。听见您骂我，我也忍不住了。

妈妈：妈妈发火有一部分原因是担心你睡不好，有一部分是自己的情绪，其实你也挺着急的。看来咱们两个都表达了真实的情绪，互相也都接收到了。这也算咱们娘俩又一次的磕磕碰碰。那咱们也别让这次架白吵呀，这都过了一天了，你有什么思考吗？

孩子：今天我一直都在想，妈妈工作很辛苦，要是赶上加班，我就尽量别惹您了，省得我们两个又吵一架。

妈妈：我今天一天也在想，孩子写作业是他自己的事，没写完他需要自己承担后果。我要是累得够呛，就自己去睡好了，不需要以作业为名宣泄我的情绪。

孩子：嘻嘻，妈妈原来你在想这些呀！我以后也尽量早点写完作业吧。不能睡觉，还得跟您吵架，这个滋味真是不好受。

妈妈：那今天的作业多吗？你准备怎么计划？

孩子：今天作业也不少，我马上就去写。

妈妈：我的底线还是9：30写完，要是还像昨天一样，我有可能还会发脾气啊！提前说明一下，争取咱俩今天能愉快地度过。

孩子：放心吧，妈妈。

SEL 方法

妈妈忍不住又吼了孩子，应该做到以下三点：

1. 允许真实表达。既然有情绪，就真实地表达出来。不要自恋地以为一定会使孩子受伤。

2. 不需要内疚和自责，相信任何负性事件都有可能转化成资源和机会，帮助双方成长。

3. 认真复盘。情绪过后，和孩子一起复盘，回忆事件过程中的情绪、想法，并且找到避免再次发生的办法。经过和妈妈的复盘，孩子突然觉得昨天的战斗很有价值。他和妈妈互相表达了情绪、想法，还各自反思了行为。没有昨天的吵架，哪有今天的沟通和交流？

家长不要认为吵架就一定不好，任何行为和现象都有它的意义。重要的是，事后如何处理，将负性事件转化成可利用的资源，帮助家长和孩子学会共处。

问题延伸

这里想提醒家长的是：内疚是最耗费能量的情绪，很多时候真正让自己和孩子受伤害的不是冲突本身，而是因为伪装和内疚做出的补偿性行为。孩子生来就担负着承载家长情绪、适应家庭和社会环境的重任，这是他们一生成长的重要课题。

我们始终提倡的是，书本里提倡的“好妈妈”固然好，但是，妈妈们如果做不到，也千万不要装。真实永远比完美重要。家长经常发脾气，孩子至少可以去学习适应。家长也会因为更接纳自己的不好而更容易接纳孩子的不好。

问题 28：孩子们在一起玩游戏，争执不下，家长怎么引导？

一位妈妈说道，她的孩子和同学们玩耍做游戏，经常意见不同就吵起来。妈妈担心孩子们矛盾升级，上前劝阻，希望他们团结友爱，好好玩。可效果并不好，经常不欢而散。妈妈感到很困惑，为什么我的孩子就不会跟同学好好玩呢？他的人际交往能力是不是太差呢？

【问题解析】

前两个案例重点讨论了孩子在家庭中适应父母教育环境的话题，这个案例，让我们把视线投向孩子群体。这位妈妈把孩子在群体中出现的意见分歧，当成孩子的缺点，错误地认为，孩子们之间只要有纷争，就是人际交往能力差。但从很多儿童专家的观察和研究看，孩子们之间的意见纷争，是孩子群体的正常现象。因为，矛盾本来就是孩子与群体相处的重要经历。正是有矛盾的产生，孩子们才会进一步学习协商、合作和共赢。

描述一个场景。孩子们在一起玩的时候，因为玩什么发生争执。有的要玩 A，有的要玩 B，还有的想玩 C。每个人都有自己想玩的游戏，但又都不想一个人玩。怎么办？如果你能耐下心来仔细观察他们，就会发现一个有趣的过程。他们先是吵来吵去，你说你的，我说我的。

然后呢？陷入僵局，谁也不说话。不久后，总会有人忍不住打破僵局，主动妥协：“好吧，先玩你的。”看到有人妥协了，其他孩子也开始动摇了。毕竟谁也不想把这宝贵的游戏时间浪费掉。“算了算了，就玩 A 吧，下次玩我们的。”一个声音做出了决定。于是，所有的孩子马上走出争吵，开始讨论 A 游戏怎么玩了。前面的争吵好像根本没有发生，每个孩子都开心得不得了。

我时常试图去理解孩子们的这种现象。经过不断学习发现，小学阶段的孩子正处于心理发展的“潜伏期”，他们从“只依赖爸爸妈妈”的心理状态转向开始关注同伴。“同伴的连接”会令自己增加更多成长的“触角”，帮助自我探索未来广阔的世界。从这个角度说，孩子此时需要的是与同伴丰富的连接。当然，既然是丰富的连接，就包含和谐的连接和糟糕的连接。这些连接从不同的角度辅助孩子体会人生的酸甜苦辣，增加丰富的体验。就像各种食物，不管什么味道，它们对孩子的成长都能提供营养。

案例中的妈妈只希望孩子拥有好的连接，不能接受坏的连接，这其实是片面的。好的连接是自然而然的，而坏的连接则会促进孩子开动脑筋，探索与人交往的方法。我们认为，适度的坏的连接也同样可以给孩子心理发展提供养料，有助于他们健康地成长。

那么孩子是如何在矛盾中获得成长的呢？其实，每个孩子从家庭环境走向同伴的群体环境，都会充满好奇，却又有着恐惧和不安。适应新的环境，对他们来说是一次极大的挑战。如果遇到的同伴和自己的想法相近，孩子就会迅速建立起好的连接；遇到意见不同的呢？这会让孩子感到不熟悉，从而激发内心的恐惧。出于对自己的保护，通常情况下，孩子会本能地争吵甚至打架，期待同伴可以按照自己熟悉的方式相处。理论上说，安全感越强的孩子，在家庭中适应力训练越丰富的孩子，这种现象出现的机率就会越低；家庭环境单一，与人相处模式简单的孩子，不适应的反应就会更大，行为会比较极端。但不管怎样，任何一个孩子都会经历这个新的适应过程，这是环境变化带给孩子的发展性问题，是孩子学习适应环境的必经之路。

从孩子群体看，每个孩子都来自不同的家庭，各有各的想法和性格。初到群体中，还是习惯于“我说了算”，这就会出现意见难以达成一致的现象，矛盾也就出现了。这会让孩子们体验到“坚持不让步”带来的糟糕感受，为了能够继续玩下去，大家不得已开始想办法解决。有人坚持，有人妥协，有人出面协调，有人顺从接受……为了“一起玩”的目标，每个人都会做出相应的调整和让步，最终达成合作。游戏开始了，一起玩耍的乐趣代替了矛盾冲突，孩子们自我的让步带来了跟群体游戏的高峰体验。这就是共赢。

孩子们从矛盾走向协商，在协商中磨合，最终会在群体中找到适合自己的位置。有的人是领导者，有的人是跟随着，有的人负责出谋划策，有的人负责组织安排……这些位置没有高低，都是在磨合中孩子自己找到的，就是有价值的。这样的群体会满足每个孩子对归属感的需要，成为孩子依赖的环境。

说到这里，家长朋友就应该理解了。创建这样自然的群体环境，需要的不是家长的干预，而是给孩子们充分的时间和空间，允许他们经历喜怒哀惧的自然磨合的过程。家长可以把自己放在观察者的角度，看看孩子们经历了怎样的协商过程？每个孩子在群体中所处的位置是什么？他们又创造了什么新的解决问题的办法？这样，家长就会减少很多不必要的焦虑，好奇心会令你看到更多有趣的细节！

对话演练

孩子：妈妈，我回来啦！

妈妈：宝贝，回来啦！今天跟院子里的小朋友们玩的怎么样啊？

孩子：不怎么样，我想玩“小人老虎枪”，可他们每个人都说要玩自己的，谁也不听谁的，后来就吵起来了。

妈妈：我看到你们吵起来了，好像谁都不让谁。后来怎么样了？

孩子：吵了半天也没吵个结果出来，豆豆说玩捉迷藏，后来，我和萌萌觉得这个挺适合大家一起玩的，就同意豆豆的建议了。可大华非要玩打仗……最后只好不欢而散，各回各家了。

妈妈：是嘛！那你和萌萌为什么不坚持自己的想法呀？

孩子：我们想，反正是大家一起玩，这样吵来吵去什么也玩不成。我们两个让一步，大家赶紧开始玩多好。结果，大华他们就是不愿意。咳，还是没玩成。

妈妈：嗯，虽然你们今天没玩成，但妈妈觉得你还是很有收获的。首先，你大胆地说出了自己的主意，说明你自己是有想法的，也贡献给了大家；第二，当大家意见不一致的时候，你主动妥协和让步，赞同了一个大家都能玩的游戏。虽然最后没有达成一致，但你却学会了和同伴协商合作，这一点比游戏更重要。

孩子：真的吗？萌萌还责怪我立场不坚定呢！

妈妈：大家一起做决定的时候，哪能都按自己的来呢！协商协商，就是互相妥协和商量，最后找一个大家都能接受的方法啊！

孩子：那要是我们一直没有统一的方法怎么办呢？

妈妈：记不记得你在社会与情绪技能课上学到的，用排除法选择一个方案，用色子、抽签这些有趣的方法来决定，这些方法都可以用啊！

孩子： 想起来啦！下次我就做几个纸条，大家抽签决定。不对不对，先把不能全体一起玩的游戏排除，然后再抽签。

妈妈： 行，办法有很多，你们慢慢寻找吧！学会了和小朋友协商，你们会玩得更开心。这就叫“共赢”。

SEL 方法

当孩子群体意见不统一时，妈妈可以做以下三件事：

1. 不参与孩子们的争吵。孩子们的事情他们能自己解决是最好的，相信，即使不欢而散，也对他们的成长有意义。

2. 事后询问，积极定义孩子的行为。事后可以主动询问细节，找到孩子过程中的积极行为，给予定义。

3. 提出新的方法和建议。孩子们年龄小，缺乏经验，有时候通过他们自己很难找到更多解决问题的方法。这时就需要家长提供一些新的方法或思路给孩子指导。如果家长也没有什么办法，可以通过我们专业的社会与情绪技能课程帮助孩子。

孩子和同伴发生矛盾，家长要利用这次机会，教孩子大胆表达自己的想法，但表达想法不等于坚持想法。根据每个人的建议，最终通过协商和方法找到解决方案。

问题延伸

孩子的成长就是从“妥协”开始的，合作也是从“让步”开始的。不懂得妥协和让步的孩子会陷入“自恋”的执着之中，无法接纳他人的想法，也很难得到他人的帮助。当然，我们也不主张孩子只会妥协，失去自己的想法和意志。对于自己的想法，表达但不执着；对于他人的想法，接纳但不盲目认同。如果孩子们能找到这个平衡点，他们就是人际关系和团队合作的高手了。

当然，我们也不赞同家长完全不干预孩子的矛盾。如果孩子们无法独立解决，或者冲突升级，为了避免伤害，家长还是要及时出面的。安全是底线，只是要多一点耐心，不要太急于干预。如果孩子们解决问题的方法比较匮乏，家长也可以在事后和孩子复盘和讨论，给孩子一些方法和建议，这对孩子下次的协商具有指导意义。

问题 29：孩子的朋友不遵守约定，孩子还要不要和他做朋友？

灵灵有个很好的朋友月月，两个女孩儿说好周六一起去公园玩。灵灵盼星星盼月亮的等到周六，可月月突然说不去了。后来才知道，她去了另一个朋友家里玩。灵灵感到非常生气和伤心，在家又哭又闹，决定和月月绝交，再也不做朋友了。妈妈觉得这件事是灵灵小题大做了，跟同学交往就该互相迁就点。总是这样，一不高兴就跟朋友绝交，这以后哪还能有朋友呢？我们不是经常讲要懂得与人合作嘛？妈妈的困惑是，灵灵这样不会妥协让步，以后会不会不受朋友欢迎呢？

【问题解析】

每位家长都希望自己的孩子善于合作，成为受欢迎的孩子。这位妈妈的心情我能理解，但并不赞同她的观点——妥协让步能够得到朋友的欢迎。我们上一节说到的妥协，是个人目标与集体目标发生冲突时，为了达成一致而做出的主动让步。但这个案例中，灵灵的朋友月月，她的行为明显是一种失信行为，是对方有错在先，灵灵为什么非要妥协呢？

我猜想，妈妈期望看到的结果是：灵灵虽然遭到失信，但依然能够“以德报怨”，灵灵显得很大度，不仅不生气，还主动原谅月月的行为。月月被灵灵的善良打动了，于是两个人和好如初。

这个结果听起来很完美，但从现实层面看，却又不切实际。站在灵灵的角度，当自己被失信时，还能没有情绪，大度而有涵养。不要说一个十来岁的孩子，就是成人也无法做到。灵灵被爽约，感到生气和伤心，这是再正常不过的情绪反应。如果此时妈妈要求她大度，不要计较，就是在忽视和否定孩子的情绪。孩子感到妈妈不仅不理解和支持自己，还站在失信者一方，一定会更加难过和无助。落实到行动上，要么是更大程度的情绪失控和爆发，要么就是压抑情绪，向内攻击自己，伪装出大度的样子，但心里充满委屈。

从失信者月月的角度看，如果灵灵对自己的失信行为非但不生气，反而主动示好，她会怎么想？接下来又会怎么做？月月可能根本不认为自己做错了，也不觉得自己的行为伤害了灵灵，下次还会重复“随意违约”的行为。这样下去，月月的行为可能越来越夸张，而灵灵只能不断压抑自己。试想一下，用这种方式换来的不平等的伙伴关系，他们的关系还能稳固吗？

“以德报怨”这个词来自《论语·宪问》。文中这样写道：有人问孔子：“以德报怨，怎么样？”孔子说：“何以报德？”意思是说：如果背叛行为都能被善待，那么善良的行为该怎么对待呢？可见“以德报怨”并不是个好策略。这分明是对善良行为不公平的待遇。坏行为总是被善待，时间长了，谁还愿意努力做出好的行为呢？

其实孔子主张：以直报怨，以德报德。意思是说，用本能直接的态度对待对方的失信行为，用善良的方式回应对方的善良行为。案例中灵灵生气、伤心、绝交，都是一种直接的情绪反应。以此态度回击，才能令失信者有所醒悟，从而调整自己的行为。

也有人会质疑：总不能因为月月的一次失信，就真的不再原谅她了吧？答案当然是否定的。如果月月能认识到自己的错误，主动示好并调整行为，灵灵则可以不计前嫌，和月月重归于好。如果对方继续失信，则再次绝交……以此类推，灵灵用什么方式回应月月，取决于月月的行为。

简单点说就是：“对方合作则我合作，对方违约则我不合作。”美国政治学家阿克塞尔罗德设计了一次计算机程序对决赛，结合“纳什均衡”理论，用大量数据得出结论：人与人在无限制长期相处中，要想获得合作的更大利益，“一报还一报”是最佳策略。也就是说，灵灵以月月的行为决定是合作还是不合作，将会更有利于双方的长期相处，利益也能够最大化。有兴趣的家长朋友可以去读阿克塞尔罗德教授的《合作的进化》一书，书中有对这一观点非常详细的阐述。

当然，这也不意味着我们鼓励家长着急地帮助孩子讨回公道。这毕竟是孩子们之间的事情，相信他们有能力自己处理。作为家长，如果能利用这次事件，教孩子学会与人相处之道，才是最有智慧的。如果家长还是想促进孩子们重修友情，也可以背过灵灵和月月，与月月的妈妈进行沟通，邀请月月的妈妈与月月进行积极沟通，促进孩子们顺利和解。

对话演练

孩子：妈妈，月月太坏啦！我们两个约好周六去公园玩，可她居然随便毁约，到同学家去了！

妈妈：怪不得你周六没有出去呢，原来是月月爽约了。那你现在是什么感受呢？

孩子：我都快气死了，今天跟她大吵了一架。我决定跟她绝交，再也不当她的朋友了。

妈妈：嗯，妈妈支持你。这件事是月月爽约在先，她完全没有考虑你的感受。要是我的朋友这样，我也会非常生气，也要去跟她吵一架。那你吵架的时候，跟月月说清楚你为什么生气了吗？

孩子：说清楚了，我把我心里想的话都告诉她了。

妈妈：那她是什么反应？

孩子：她看起来有点不好意思，也没说什么，我俩就各自回家了。

妈妈：宝贝，那你想想看，明天月月见到你会是什么态度呢？

孩子：大不了就谁也不理谁呗？有什么了不起。

妈妈：嗯，这是一种可能。月月有可能根本不觉得伤害了你，不但不道歉，而且还不理你了。这样的朋友不交也罢。

孩子：就是，我还有其他朋友呢。

妈妈：那除了这种可能，明天月月还有可能会怎么做呢？

孩子： 我想想……有可能她也会向我道歉吧。

妈妈： 如果月月主动向你道歉，或者用一些行为向你示好，表示还愿意和你做朋友，你会怎么做呢？

孩子： 那我就原谅她呗。反正这也是件小事，人家都道歉了，我干嘛还不依不饶呢！

妈妈： 妈妈告诉你，孔子在几千年前就说过："以直报怨，以德报德"，他告诉我们一个重要的与人相处之道：用德回报对方对我们的好，但对方要是背叛我们，就去直接表达你的不满。如果对方调整了态度和行为，那我们也改变态度，重归于好。

孩子： 原来孔子也是这样说的呀！妈妈，我知道了。

孩子遇到朋友失信，妈妈可以这样做：

1. 理解她遭到失信后的糟糕情绪，对她的合理行为表示支持。

2. 引导孩子预想对方可能的行为，对不同行为探讨不同的应对方式。原则是"以直报怨，以德报德"。

3. 如果孩子可以理解，可以将此原则讲给孩子听，指导孩子的行为。

4. 私下与对方家长沟通，促进孩子们顺利和解。

5. 如果对方没有再次合作的态度和意愿，允许孩子放弃这个朋友。

其实，孩子们天生就具有这样的能力。在人际交往中，他们靠感受做出最直接的反应，开心则合作，不开心则终止合作。妈妈需要在沟通中帮助孩子梳理整个过程，把无意识的行为有意识地进行解读。这样，下次再遇到这样的问题，孩子就会有更为肯定的行为指导。

问题延伸

最后提醒家长要注意的是：不要期待孩子跟任何人都成为朋友。如果月月并不珍惜与灵灵的友谊，不愿恢复合作，灵灵也有权利放弃这个朋友。毕竟朋友不是越多越好，健康的人际关系也不是靠委屈自己建立起来的。孩子成长的过程中始终都在筛选更适合的朋友。

仔细回想一下，不仅朋友关系，每个人每天都在适应着各种关系：夫妻关系、父子关系、同事关系等。这些关系似乎都是在破裂、和解，再破裂又和解的过程中不断加深的。因此，今天讲到的与人合作的原则适用于各种关系和环境。期待大家都能运用这项社会与情绪技能建立健康的人际关系。

问题 30：如何培养孩子的公共规则意识？

滔滔 6 岁，爸爸妈妈最发愁带他出门。到了公共场所，滔滔总是忍不住乱跑乱动。一会儿摸摸商场里的衣服，一会儿乱跑碰掉柜台上的东西。有一次在地铁上，他又一脚踹了旁边的叔叔，叔叔感到很生气，狠狠地瞪了他一眼。妈妈感到脸上无光，赶忙给叔叔道歉，爸爸则忍不住吼了滔滔。一路上全家人都不高兴，可下次还是这样。爸爸妈妈感到很困惑，都上小学的年纪了，但孩子还是没有一点公共规则意识，这该怎么引导呢？

【问题解析】

作为一个未来的社会人，孩子承担着推动社会发展的责任。融入社会、适应社会的基本条件就是遵守社会规则，在规则的约束下，享受最大限度的自由，创造幸福的生活和社会价值。道理大家好像都懂，但是真的面对孩子的教育时，很多家长却感到无能为力。在地铁上、马路上，经常看到像滔滔一样的孩子，完全无视他人的存在，追跑打闹，乱喊乱叫。家长实在受不了旁人的眼光，大声呵斥，甚至动手教训。另外还有一些孩子的表现正好相反，他们最怕公共场合，处处谨小慎微，该说的不敢说，该做的不敢做，甚至抱在妈妈身上不下来，搞得妈妈一筹莫展。这些现象都与建立孩子公共规则意识有关。

首先，从适应环境的角度看，这两类孩子的社会化发展还不健全。依照儿童心理发展规律，孩子的心理适应范围从只有自我到母婴关系，继而逐渐扩展到家庭、学校和社会环境。从追求自我需求的满足，逐渐发展到集体归属感和社会价值感的需求。通常情况下，3 岁左右的孩子带着在家庭中学习的适应力，开始走进幼儿园，建立初步的社会规则意识。到了 6 岁小学阶段，又是一次规则意识的深化。通过学校规则的约束，孩子会在自我和环境之间逐渐寻找平衡点，并过渡到中学阶段。最终通过青春期的同一性整合完成由个体向社会化适应的全过程，走向成熟。

健康发展的孩子会在这个过程中逐渐适应慢慢扩大的社会环境，知道环境中是有规则的。当环境允许时，自由满足内心的需要，适度释放自己；但当环境不允许时，则可以主动约束行为，适应环境的需要，以得到环境的认可，获得精神层面的价值感满足。

造成孩子社会化发展不健全的原因，大致可以从两个方面分析：一是在家庭环境中，由于父母溺爱，过于强调孩子的自我意识，对遵守规则的要求过低，导致孩子未建立起规则意识。这样的孩子仍停留在婴幼儿的心理发育期，就是大家经常说的“长不大的孩子”。第二个原因则恰恰相反，是因为家庭约束管教太多造成的。孩子学习社会规则固然重要，但却依然需要释放天性。孩子毕竟是孩子，自由玩耍的需求一定大于遵守规则的需要。但很多父母过度担心，用成人的社会观要求孩子，从很小的时候就加强行为管理，这也不行，那也不行。有的还经常用可怕的社会现实吓唬孩子，以达到约束孩子的目的。如果家长的约束在家在外没有区别，要求永远严苛，就会让孩子本能地寻找释放自我的出口。甚至有的孩子错误地认为，到了公共场所，妈妈不好意思说我了，反而可以想做什么就做什么。

因此，培养孩子的规则意识，作为家长要兼顾孩子“满足本能释放的需要”与“学习社会规则的需要”，分配好两者的比例。既不要完全释放，听之任之；也不能处处约束，完全不给孩子自由的时间和空间。如果按照数字 10 来量化，我们认为，家长要在 2 岁前给孩子全部 10 分的自由空间，孩子想做什么就做什么；2 ～ 3 岁，开始缩小自由空间的总量，加入十分之一的规则意识教育。随着年龄的不断增加，逐渐将两者比例转变为 8∶2，7∶3，到了小学阶段可以达到 5∶5。之后，孩子就有一种自然的能力，可以找到自己内在与社会规则的平衡点，可以灵活地满足自己和适应社会了，家长也就不需要刻意做什么了。

前面案例中的孩子，已经做出不适合社会环境的行为，作为家长需要怎么引导，帮助他建立规则意识呢？这里有个关键点，千万不要在当下批评和指责孩子。再小的孩子也是有自尊心的，当着他人的面被指责，不仅不利于调整行为，反而会激发他们的强烈情绪，造成教育的困难。家长朋友可以在离开现场后，在安全的环境中跟孩子讨论刚才发生的事情和下次怎么做，这个过程叫作复盘。

还有一个重要的补充，建议家长多引导孩子看到遵守规则的好处。很多家长喜欢用规则吓唬孩子：你看，到处乱跑会被车撞死；不听话，警察会把你抓走……实际上，这种事情发生的机率是很小的，孩子发现不遵守规则但却没有发生意外，就会心存侥幸，满不在乎。如果能够经常问问孩子：你发现今天遵守规则，给我们带来了什么好处？孩子就会更愿意主动遵守，而且很开心地享受规则带给自己的自由和幸福。

对话演练

妈妈：宝贝，今天地铁上发生的事情，你还记得吗？你跟妈妈说说，这件事的前因后果好吗？

孩子：今天妈妈带我去动物园，我特别高兴，就在座位上扭来扭去，不小心蹬到了旁边的叔叔。叔叔瞪了我一眼，还说我没教养。后来妈妈帮我坐好了，还用手一直扶着我的腿。对了，还是妈妈跟叔叔说了“对不起”。

妈妈：那你想一想，叔叔为什么会瞪你？

孩子：我踢到了叔叔，叔叔觉得我没教养，特别生气。

妈妈：那你是什么感受？

孩子：我也很伤心，叔叔说我……

妈妈：你再猜猜妈妈和旁边的其他乘客是什么心情？

孩子：妈妈，你是不是也生我的气呀！还有别的乘客……也可能跟叔叔一样，不喜欢我。

妈妈：宝贝，当你没有遵守乘车规则的时候，妈妈也有点恼火。特别是叔叔说你的时候，我又感到特别尴尬。所以，赶紧替你道了歉。

孩子：妈妈，你是不是也会骂我？

妈妈：妈妈不骂你，你的年龄小，有时候一激动就忘记了规则。但通过今天的这件事，你知道为什么要遵守规则吗？

孩子：知道了，我不遵守规则，妈妈和别人会不喜欢我。

妈妈：你天生爱动，也不是坏事。你知道在什么时候可以乱动吗？

孩子：我知道，妈妈说，在我的房间里，我可以想怎么玩就怎么玩；到了动物园，不影响别人的时候也可以。可是在人多的公共场合，就要忍一忍，坚持一下。

妈妈：你知道如果可以做到，带给咱们的好处是什么吗？

孩子：那旁边的人肯定就不会说我了，还会夸我懂事。

妈妈：是啊！妈妈也会因为你的行为感到很自豪。

孩子：那我下次努力不在地铁上乱动了，行吗妈妈？

妈妈：行，妈妈知道你会努力去做的。那如果不小心又忘记了，妈妈可以做些什么来提醒你呢？

孩子：妈妈，你就给我挤个眼睛，我就赶紧坐好。

妈妈：行，要是挤眼睛还不管用，我就像今天一样，帮你坐好，直到下车。

SEL 方法

处理社会规则意识的问题，家长复盘需要做到：

1. 回顾事件发生的前因后果。这有利于孩子记住要遵守规则的具体场景。

2. 理解情绪。请孩子体会自己、他人、妈妈以及围观者的感受和想法，这是在试图从共情的角度帮孩子理解遵守规则的重要性。

3. 讨论遵守规则的好处。人性是追逐利益的，当孩子看到遵守规则对自己和他人的好处时，才会愿意主动遵守。

4. 区别场合。让孩子知道，不同场合行为也是不同的。分清场合，孩子才能做出恰当的行为。

5. 探讨下次如何避免。不要期望经过一次复盘，孩子就再也不出问题了。家长要根据这次的情况，和孩子探讨下次避免的办法。例如：你可以怎样做，妈妈怎样提醒等。

这个谈话过程让孩子明白了一些道理：遵守公共规则对自己和妈妈以及周围的人都有好处；不遵守规则每个人的感受都不会好，别人还会不喜欢自己，妈妈也会跟着一起被批评。撒欢地玩是可以的，但要选好时间和地点。不适合的时候先忍一忍，等到合适的场合再放松。

问题延伸

当然妈妈能做到这一点也是不容易的。旁人对自己孩子的评价会直接影响到妈妈的情绪，妈妈感到丢脸、难堪，羞耻心会令自己愤怒不已。因此，就会将情绪宣泄在孩子身上，以减轻自己的不舒服。为了避免这样的问题出现，我们建议，平时经常给孩子划定界线。告诉孩子某些行为在哪里能做，哪里不能做。比如大喊大叫、追跑打闹在公园广场上玩耍可以做，在人多密集的地方不能做；在家可以随便躺着、趴着，自由自在，出门在外就要有模有样。每当出门前，家长需要对即将遵守的规则做好预案，跟孩子讨论：我们今天到哪里，需要注意什么，如果做不到，用什么方式提醒等。到了真实的环境中，还要先带领孩子认识规则标识，了解这个地方的特殊规定。在过程中，适当地引导孩子观察周围人是如何行事的，鼓励孩子模仿他们。

遵守社会规则不是孩子与生俱来的能力，需要家长有耐心、有方法的引导。我们尽量少给不遵守规则的孩子贴上“坏孩子”的标签，而是要努力寻找适合他们的引导方式。当孩子能够感受到家长对他的尊重、理解和帮助时，他也会用“遵守规则”的行为来回报我们。

第八章　社会与情绪技能
——构建家庭式学习共同体

2019 年 10 月，很荣幸，我们作为华人的唯一代表受邀参加了美国学业和社会与情绪学习联合会（简称 CASEL）举办的 25 周年国际学术研讨会。会议上，其作为第一个开始研究社会与情绪学习的学术团体，提出了下一个 25 年的发展目标，其中一条就是“如何邀请家长参与到孩子的社会与情绪学习中，加强家庭的促进作用”。听到这个目标，我们感到很好奇，我们从六年前就开始研究如何与家长共同构建学习共同体，促进提升孩子的社会与情绪能力。为什么美国人研究了 25 年才刚刚提出呢？带着这个疑问，我们和吴教授聊起来。吴教授是台北教育大学心理与咨商系教授，博士生导师，也是我们的社会与情绪课程专家顾问。她非常了解美国的教育体系，也对中美文化有比较深的理解，并在美国马里兰大学（University of Maryland）取得了博士学位。她告诉我们，这与美国的教育文化是有关系的。美国人家长与孩子都是相对独立的个体，孩子到学校读书接受教育，更多的是孩子自己的责任和义务。孩子们可以选择自己的发展目标，家长不会有过多的参与意见。孩子在学校的表现，老师也不会随时随刻地汇报给家长。如果出现行为问题，也有一套程序，从班主任、辅导老师到校长，看情节轻重一层层处理，也不会立刻“请家长”。因此，在美国，社会与情绪学习已经进入学校教育 25 年，但家长其实并未更多地参与其中。然而随着研究的不断深入，教育学者、心理学家们发现，孩子的社会与情绪能力培养不仅仅与学校有关，家庭也能起到重要作用。所以，他们也开始倡导，打破家庭和学校的界线，在社会与情绪学习这个维度，加强家庭的参与程度。

听吴教授讲解后，我们感到很庆幸，因为从一开始研究社会与情绪学习，我们就把“构建家庭式学习共同体”的概念纳入其中。“家庭式学习共同体”顾名思义就是以家庭为单位，创建家长和孩子一起学习社会与情绪的环境。在这里，家长和孩子都以提高自己的社会与情绪能力为目标，互相陪伴，互相促进，共同练习，一起提升。

这样的思路不仅符合社会与情绪教育的需要，其实也受中国文化下的家庭关系的直接影响。在中国，甚至全球的华人家庭，孩子的学习几乎都是整个家庭的事。我们在新加坡、马来西亚走访了一些华人家庭，感觉家长对待孩子学习的重视程度和中国本土的家长是一样的。孩子的成长是一个家庭最重要的问题，直接关系到这个家庭甚至家族的荣耀，家长对孩子未来的期待远远大于对自己的期待，孩子是一个家庭的希望。因此，家长会不惜代价地投入更多的时间、金钱、精力，甚至更多。这也就产生了很多中国式陪读现象。比如：孩子不认真听讲，家长会被老师请到学校批评教育；孩子的作业每天要家长检查签字，保证质量；要考试了，家长也会非常紧张地参与到孩子的复习中来；周末上各种课外班，是家长最忙的时候，很多家长都感叹，平时周一到周五都没有周末忙。从这些现象中我们不难看出，中国文化下，家庭与孩子的成长有着不可分割的内在连接，这份连接是在集体文化中传承的，不可能消失。因此，社会与情绪的学习也依然需要家长参与进来。如果能够构建起家长和孩子在家庭中的学习共同体，也就是家长和孩子成为学习的伙伴，互相促进，无疑具有非常重要的意义。

其实，一个孩子的教育和成长，除了家庭，还有学校和社会环境的共同作用（图 8–1）。但在我国应试的压力下，学校教育目前虽然在大力倡导关注学生核心素养的培养，但主要还是承担着重要的学科知识的教学任务。有些孩子进入学校之前没有做好准备，不具有自我调节情绪和人际关系的能力，甚至会因为学习产生严重的情绪问题，在师生关系、同学关系上造成困扰。这些现象都与孩子的社会与情绪能力较低有关，也很容易影响孩子专注于学习。而能够更好地承担起教育和引导责任的，依然是家庭。家长可以把学科学习的责任更多的交付学校，而家庭成为社会与情绪能力培养的主战场。这样的好处是，一方面孩子不会因为家庭和学校都过度强调知识学习，产生过大压力；另一方面，家长可以在家庭中教给孩子更多管理自己与适应环境的方法，帮助他们与学校的新环境建立健康的关系，更专注与学习。

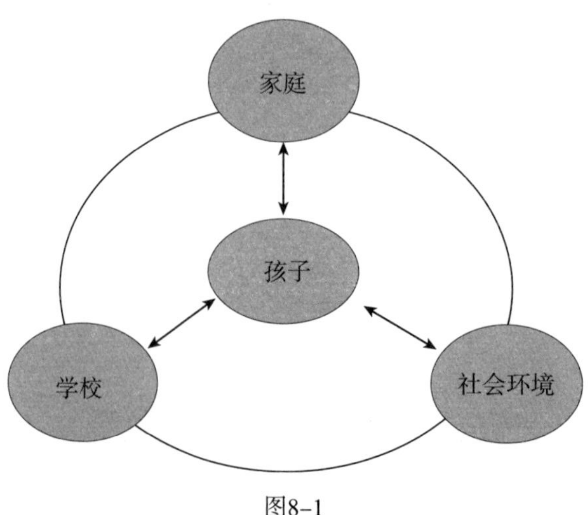

图8–1

我曾经有个学生叫小孟，他在学校跟老师的关系很紧张。只要老师批评，他就认为是老师有意针对他，不仅不能跟老师沟通，还顶嘴、吵架，甚至在上课时拍案而起，学习成绩更是糟糕。这让老师和同学都很不喜欢他，都认为他肯定有心理问题，要求家长带他去看病。小孟的爸爸妈妈为这事伤透了脑筋，他们觉得肯定是自己的家庭教育出了问题，但又不知道该从哪里帮助小孟。还好，小孟和妈妈都参加了社会与情绪课程的学习，记得一次课程讲“理解社会关系”，课堂上每人扮演一个人物，两两相碰，随意组合，每次组合都说出两个人的关系可能是什么，他们会说什么，做什么。活动结束，老师请同学们展开讨论，小孟突然站起来，大声说：“我知道我的问题是什么了！我原来总把老师当作妈妈，我觉得老师应该像妈妈一样对待我。但今天我明白了，老师和我的关系不同于妈妈和我的关系，和老师在一起，就要遵守学校的规则，听老师的话。”小孟的这次感悟，让他接下来的行为发生了巨大的反转。他转学到了新的学校，像换了个人似的。他不再把老师对比成妈妈，在学校把自己放在学生的位置，多一些尊重，少一些挑战。新老师和同学都很喜欢他，他也找到了自信。这个变化让妈妈恍然大悟，她发现小孟的问题其实是妈妈的教育问题。妈妈很爱自己的孩子，在她的心里，也希望所有的人都和自己一样对待孩子。妈妈经常对孩子说：“老师也是很爱你的，会像妈妈一样爱你。”孩子对老师产生了过高期待，误把师生关系当作亲子关系。一旦老师不能及时照顾孩子的感受，他的心里就产生了强烈的不平衡感，于是愤怒导致了师生关系的破裂。

这个例子告诉家长朋友，家庭教育不仅仅要建立良好的亲子关系，还要通过适当的方式方法，引导孩子学习建立其他社会关系，处理各种社会问题。这份责任也因为我们中国式特有的亲子关系而决定。因此，给予家长更多的教育支持就是在帮助他们完善家庭教育体系，也是在通过家庭的力量给予孩子成长的能力。

学习社会与情绪技能，构建家庭式学习共同体，想提醒家长们注意几个问题：

不要急于求成

很多家长问：我家孩子不爱刷牙；注意力集中不了多久；没事儿总爱生气，还动不动说我是坏妈妈……其实，这些问题往往是孩子发展过程中必须要面对的问题，我们叫做发展性的问题。简单地说，这些问题发生在成人身上是问题，但发生在一个五六岁、七八岁的孩子身上，就不是问题。就好比刚学走路的孩子，摔跤是必须经历的，但如果不让他在学走路的时候摔跤，他长到不该摔跤的年龄再摔跤，就成为真正的问题了。

很多家长忘记了自己成长的过程，会简单地从成人视角去看孩子的问题，以为孩子今天出现问题，就意味着这个问题永远不会消失。其实，这种看待问题的视角是非常僵化的。孩子的成长随着年龄变化而不断发展变化，如果用一成不变的眼光去看待他们，并且坚定地相信这些行为不会改变，那么这就成为“妈妈的咒语”。孩子会在家长的暗示下，将这些问题“固着”下来，形成真正的问题。资深心理咨询师李松蔚在他的“发展心理学”课程中说到一个观点：发展中的事物，如果不去干预它，它一定会发生变化；如果它没有发生变化，一定因为有外力做了些什么。这让我受到很大启发，也的确看到很多家长非常用力地参与孩子的教育，到头来孩子却发展得很不如意；相反，有些青春期的孩子，家长自感无力，退出了直接干预，孩子反而找到了自己的成长路径，发展也越来越好。

因此，请家长适度调整自己无谓的焦虑，尝试用成长性的眼光看待孩子的行为。犯错是他们学习经历挫折的途径，孩子犯错时，他们更需要的是理解和引领。如果您的孩子总是会犯各种各样的错误，那么恭喜您，说明孩子在勇敢地尝试挑战，他会在挑战中获得更多成长的经验，长大犯更大错误的可能就会减少。如果您的孩子总是犯同一个错误，那么请您反思，是不是您的什么行为用力过大，不仅没有帮助孩子总结经验，反而将错误固着在这里，循环往复。如果是这样，我建议您先调整自己的紧张情绪，放轻松地看待错误，发展性的错误不是错误，给孩子自己面对的时间和空间吧！

真实的情绪互动

社会与情绪能力，最主要的是情绪能力。发生任何事件，情绪没有得到解决，其他一切都是空谈。很多家长学习了育儿课程，掌握了一些方法，就在出现问题时像输出计算机程序一样，严格按照方法步骤进行，期待快速解决问题，重新回到正常状态。但您需要知道，这只是美好的愿望而已，是教科书上的案例，不是生活。每个人产生情绪的原因、强度和持续的时间都是不同的，不能按照机器化的程序来一一运行。家长不要认为育儿方法是灵丹妙药，一用就灵。真的能够解决问题的是家长与孩子真实的情绪互动。有的家长明明有情绪，却装着很平静，这样做孩子是可以感受到的。他不仅会对自己产生怀疑、困惑，还可能生出一种厌恶的情绪，做出更加恶劣的行为去反抗。他们心里有个声音在说：“不要这样装模作样地跟我说话！与其伪装成好妈妈，还不如给我原来那个发脾气的妈妈！”

很多家长不希望自己的坏脾气伤害孩子，这种爱孩子的心都可以理解。但是如果我们做不到，不能真实表达情绪，孩子依然会受到更大的伤害。“家庭式的学习共同体”需要的不是装得很优秀的家长，也不是高高在上的指导者，需要的是真情流露、和孩子一起思考、共同进步的陪伴者。

不要害怕冲突

很多家长求助是因为亲子产生冲突，总想找到解决冲突的“良方”。我反过来想问，家庭中不产生冲突就一定是好事吗？著名教育家杜威在《我们如何思维》中写道：“思维的缘由是遇到了某种困惑或怀疑。思维不是什么自发的燃烧，不会发自什么‘一般的原则’。总是要有某样具体事物来引发和激起思维。”这段论述的指导意义绝对不仅仅在于学习知识这个维度，生活中无处不在都是思考。只有遇到困惑、怀疑甚至痛苦的情绪，才能激发大脑展开思考，寻找答案。家庭中的成员每个人都是独立的个体，想法、行为和感受各不相同，怎么可能不发生摩擦？矛盾和冲突是必然存在的，痛苦的情绪恰恰是打开思考之门的钥匙。发生冲突，家长不应把它看作“怪物”，想要极力避免和消灭它，而要全然地面对冲突，尝试看清冲突，相信每次冲突事件都是开启自己思维的机会。这样的信念才会让家长在冲突的第一时刻，减少指责，适当停顿，在反思中寻找原因。当然，如果家长自己的思维有限，困惑和迷茫会继续驱使您观察和学习，拓宽认知的空间，建立多维的视角，才能够有更多的方法面对冲突。

任何事情的存在都是有意义的，家庭中的冲突也是有价值的。“家庭式学习共同体”不期待每个家庭都一团和气，而是希望建立不怕冲突、敢于反思、共同面对的以家庭为单位的学习团体。

结 语

学习过育儿知识的家长都知道，家庭是孩子成长的港湾。妈妈、爸爸分别在孩子的心理关键期给予他们陪伴和保护，让他们获得由内而外的自我力量，这是长大成人的基本能量。但很多家长还没有意识到，家庭同样也是孩子成长的第一个社会场和练兵场。孩子在家中需要与不同的家庭成员学会相处，建立情感能力，学习社会技能和规则，这是孩子走向成熟和发展的基本能力。可见，要想顺利地长大成人，社会和情绪这两个维度的发展，对孩子来说缺一不可，这正是社会与情绪学习主要研究的方向。真心希望每个家庭都能够担起这两个维度的教育重任，将新一代的孩子培养成德才兼备的社会有用之人。

我们团队的主要成员有二十年一线的教师经历，因为看过太多成功与失败的家庭教育，触发了我们开始反思家庭教育，也开启了我们从社会与情绪的视角去研究解决方案。今天，我们取得了一点成果，非常愿意为更多家庭服务，给家长和孩子社会与情绪方面的学习、支持，帮助每个家庭形成紧密的“家庭学习共同体”。

复杂的社会是由无数个家庭组成的，智慧的家庭必将成就社会的未来。

参考文献

[1] 丹尼尔·戈尔曼.情商 [M]. 北京：中信出版社，2010.

[2] 丹尼尔·西格尔.全脑教养法 [M]. 北京：北京联合出版公司，2017.

[3] 丹尼尔·西格尔.由内而外的教养 [M]. 北京：北京联合出版公司，2017.

[4] 李子勋.家庭塑造孩子 [M]. 北京：中信出版社，2018.

[5] 李武石.寻找弗洛伊德 [M]. 北京：科学出版社，2019.

[6] 温尼克特.成熟过程与促进环境——情绪发展理论的研究 [M]. 上海：华东师范大学出版社，2017.

[7] 罗伯特·阿克塞尔罗德.合作的进化 [M]. 上海：上海人民出版社，2016.

[8] 阿尔弗雷德·阿德勒.儿童的人格形成及其培养 [M]. 北京：北京大学出版社，2014.

[9] 阿德勒.超越自卑 [M]. 南昌：江西人民出版社，2011.

[10] 戴安娜·帕帕拉.孩子的世界 [M]. 北京：人民邮电出版社，2013.

[11] 约翰·杜威.我们如何思维 [M]. 北京：新华出版社，2015.

[12] 莫妮卡·拉米雷斯·巴斯科.不执着，叫看破，不完美，叫生活[M].南京：江苏凤凰文艺出版社，2015.

[13] 卡罗尔·德韦克，杨百彦.看见成长的自己[M].北京：中信出版社，2011.

[14] 格雷·格托波.游戏改变教育[M].上海：华东师范出版社，2017.

[15] 戴维·迈尔斯.社会心理学[M].11版.北京：人民邮电出版社，2016.

[16] 戴维·巴斯.进化心理学[M].4版.北京：商务印书馆，2016.

[17] 马戈·沃德尔.内在生命——精神分析与人格发展[M].4版.北京：中国轻工业出版社，2017.